Hermann Winkler

Die Akte Mehmet M.

Roman

Franz Vekörrer

*Die Handlung dieses Romans beruht auf
wahren Begebenheiten.
Alle Namen wurden vom Autor geändert.*

ISBN 3-200-00288-3

Herstellung/Produktion: PR. Media Production Kolland KEG, A 6330 Kufstein
Grafik & Layout: Print- & Medien-Service, A 8071 Dörfla
Lektorat: Efi Papst, A 8020 Graz

www.asylconnection.at

Druck: Wograndl, Mattersburg

HERMANN WINKLER

ASYLCONNECTION

Vorwort   *Franz Vekörrer*

Nachdem ich im Herbst 2004 mein erstes Buch, „Asyl-connection – Es ist fünf nach zwölf", veröffentlicht habe, wurde ich von vielen Menschen bestürmt, unbedingt weiter-zumachen, ein weiteres Buch zu diesem brisanten Thema zu schreiben.

Das fiel mir grundsätzlich nicht schwer. Material hätte ich ja noch für viele Bände auf Lager, das war nicht das Problem. Für mich stellte sich nur die Frage, in welcher Form ich mein nächstes Buch verfassen und zu meinen Leserinnen und Lesern bringen sollte. Es sollte einerseits keine Wiederholung des ersten Buches werden, andererseits wollte ich mich vom Sachbuchbereich entfernen und vielmehr ein belletristisches Werk schreiben. Die Herausforderung, der ich mich also zu stellen hatte, war, meinem – mittlerweile umfangreichen – Leserkreis eine höchst problematische und bitterernste Materie sowohl sachlich fundiert als auch spannend und unterhaltsam näher zu bringen.

Die Fakten hatte ich schon parat, aber ich habe sie in meinem ersten Buch nicht mehr untergebracht, weil mir dieser Fall den Umfang gesprengt hätte. Als gelernter Jurist musste ich jedoch bald feststellen, dass ein Sachbuch zu schreiben vergleichsweise einfacher gewesen war, als in viele Seiten voller knallharter Fakten einen roten Faden für eine Handlung und auch unterhaltsame Spannung hineinzubringen. Außerdem wurde ich immer wieder von Irritationen geplagt, ob es für mich nicht doch besser sei, eine Dissertation zu schreiben. Aber nein: Ich hatte einfach schon viel zu vielen Menschen versprochen, dass sie bald das nächste Buch von mir lesen würden. Ich konnte also von diesem Projekt nicht mehr zurücktreten, ohne wortbrüchig zu werden.

Darüber hinaus zeigten mir auch aktuelle Ereignisse, wie ein vernichtendes Erkenntnis des Verfassungsgerichtshofs über das Asylgesetz Mitte Oktober 2004 und im Nachhinein der überstürzte Rücktritt von Innenminister Dr. Ernst Strasser – unter anderem aufgrund seines Scheiterns an der Asylpolitik –, dass ich mit einer weiteren Publikation auf dem richtigen Weg war.

Den letzten Energieschub hat mir schließlich die Präsentation meines ersten Buches im Parlament am 9. Dezember 2004 gegeben.

Wessen Buch wurde schließlich schon im Parlament präsentiert?

Während ich dieses Vorwort zu schreiben begann, hielt ich auch schon eine Einladung der Kronen Zeitung in Händen mit der Nachricht, dass ich neben anderen honorigen Persönlichkeiten von einer Jury zum Salzburger des Jahres 2004 gewählt worden sei und mit der Goldenen Jahreskrone ausgezeichnet würde. Also alles gute Vorzeichen, um das versprochene neue Buch an meine Leser zu bringen.

Wie bereits mein erstes Buch, lässt auch diese Ausgabe an Brisanz nichts zu wünschen übrig. Sämtliche Namen der Betroffenen habe ich aus rechtlichen Gründen geändert, den Sachverhalt habe ich wieder penibel recherchiert. In den Mantel eines Romans eingekleidet, erzählt dieses Buch, wie aus dem unspektakulären Leben eines schlichten Bauernsohnes aus der Türkei ein hochpolitischer Fall wurde, den ein einschlägig bekannter Anwalt auf recht bedenkliche Art und Weise hochgepusht hat.

Eine „besondere Note" hat der Sachverhalt dadurch erhalten, dass sich besagter Mehmet M. als Asylwerber während seines gesamten bisherigen Aufenthaltes in Österreich durchgehend delinquent verhalten hat. Er hat sich durch dieses Profil als zentrale Figur für diesen Roman förmlich aufgedrängt. Das „Drehbuch", das mir Mehmet M. in schönster Eintracht mit seinem Anwalt Dr. Gerhard M. aus Salzburg für diesen Roman geliefert hat, mag für den geübten Leser von Kriminalromanen durchaus noch amüsant sein. Für Otto Normalverbraucher und Lieschen Allgemein wird diese Lektüre jedoch wieder völlig aus der Norm sein. Es ist aber meine Absicht, meine Leser für die Vorgänge in Österreich zu sensibilisieren, und wenn ich damit den richtigen Nerv treffe, hat dieses Buch seinen Zweck erfüllt.

Der politische Inhalt dieses Romans läuft schließlich gegen Ende des Buches zu einer äußerst brisanten Hochform auf. Genauso, wie für die Entstehung dieses Romans äußere Einflüsse auf mich eingewirkt haben, hat es für die Botschaft dieses Buches aktuelle Ereignisse gegeben, die ich mit dem Inhalt verknüpft habe. Ich bin dankbar dafür, dass ich in meiner kargen Freizeit während der Entstehung dieses Buches auf zwei Artikel in der ZEIT gestoßen bin. Den ersten Beitrag hat niemand Geringerer als der berühmte niederländische Schriftsteller Leon de Winter verfasst; er beschreibt – jetzt sehr simplifiziert ausgedrückt – die Hintergründe rund um die Ermordung des niederländischen Filmemachers Theo van Gogh Anfang November 2004. Der zweite Artikel stammt von Jens Jessen und schildert die Zustände rund um die muslimische Minderheit in Deutschland.

Beide Artikel hätte ich mich in Österreich selbst (noch) nicht zu verfassen getraut, ohne befürchten zu müssen, von gewissen Lagern gesteinigt zu werden. Es gibt auch bisher niemand anderen, der dieses Thema in Österreich journalistisch so bravourös auf den Punkt gebracht hätte. Wir sind eben offenbar noch nicht reif dafür, aber ich wage hier zu behaupten, dass wir auf dem Weg dorthin sind, und habe mich damit schon weit aus dem Fenster gelehnt. Die Aura rund um unser Asylwesen lässt die beschriebenen Ansätze jedenfalls bereits erkennen.

Der Fall Mehmet M. hat sich in idealtypischer Weise angeboten, diesen aktuellen Fundus einzuarbeiten, um damit ein Gesamtwerk entstehen zu lassen. Gerade angesichts des zurzeit höchst kontroversiell diskutierten EU-Beitritts der Türkei erlangt dieses zweite Buch eine besondere Bedeutung, deren Bewertung ich meinen Leserinnen und Lesern jedoch selbst überlassen möchte. Ich habe wieder nur die Fakten zur Verfügung gestellt.

Die handelnden Personen existieren natürlich tatsächlich, inklusive des Supervisors, der wirklich Universitätsprofessor ist und seine Tätigkeit beim Bundesasylamt als nun schon dritter Supervisor innerhalb meiner fast sechsjährigen Dienstzeit in diesem Amt zurückgelegt hat.

Sollte in diesem Roman übrigens jemand autobiografische Züge des Autors und Herausgebers dieses Buches zu erkennen meinen, so hat er damit nicht Unrecht.

Oberndorf, im Dezember 2004

Hermann Winkler

1

Ende September 2004

„Den Kaiser haben wir auch nicht mehr lang", sagte seine Sekretärin als Erstes, als Helmut Winter am Freitagmorgen sein Büro betrat.

„Ihnen auch einen schönen guten Morgen, Frau Ebner", sagte Winter grinsend. „Haben Sie etwas genommen? Gestern gefeiert? Wir *haben,* soweit ich weiß, schon lang keinen Kaiser mehr."

Dann erst sah er, dass seine Mitarbeiterin ehrlich bestürzt war.

„Was ist denn passiert, Gertrude", fragte er. „Was meinen Sie?"

„Unser Supervisor, Herr Hofrat, Dr. Roman Kaiser. Er geht weg, haut den Hut drauf, wirft das Handtuch – nennen Sie es, wie Sie wollen. Es ist nicht zu fassen. Der dritte Supervisor, der es nicht mehr aushält an dieser Stätte des Wahnsinns hier. Er kommt übrigens am Nachmittag zu Ihnen, ich habe ihm einen Termin gegeben."

Helmut Winter setzte sich auf den Besuchersessel neben dem Schreibtisch seiner Sekretärin. Frau Ebner war seit viereinhalb Jahren seine unmittelbare Mitarbeiterin und engste Vertraute, eine verlässliche, ruhige, gelassene Frau Mitte vierzig, die für ihre guten Nerven und ihre perfekten

Umgangsformen im ganzen Amt bekannt war und über Dr. Roman Kaiser niemals per „der Kaiser" sprach. Das bedeutete, dass sie wirklich aus dem Gleichgewicht war.

Roman Kaiser wollte aufgeben – andererseits: „Hat er Ihnen das am Telefon gesagt, Gertrude? Einfach so? Dass er geht, das Handtuch wirft, den Hut draufhaut, wie Sie sagen?"

„Nein", sagte Gertrude Ebner, „er hat mir das natürlich überhaupt nicht gesagt. Er hat mich nur um einen Termin bei Ihnen gebeten."

„Und? Woher wissen Sie dann, dass er weggehen will? Womöglich ist das nur ein Gerücht."

„Das ist kein Gerücht, das ist ja das Elend. Ich weiß es von meiner Tochter. Karin ist mit Dr. Kaisers Tochter befreundet, Sie wissen das, die beiden sind im selben Schachklub. Sie haben sich gestern getroffen, und Lea Kaiser hat Karin erzählt, dass ihr Vater total ausgebrannt ist. Er will sich in sein Apartment nach Grado zurückziehen, und Lea findet das wunderbar, sie ist ganz glücklich darüber. Sie hat sich, sagt Karin, ohnehin schon die größten Sorgen um ihn gemacht, weil er den Tod seiner zweiten Frau wohl noch immer nicht verkraftet hat und sich immer tiefer in seiner Arbeit vergräbt."

Winter fischte eine Packung Zigaretten aus der Jackentasche und zündete sich in Frau Ebners Büro eine an. Ihm fiel gar nicht auf, dass sie ihn weder darauf hinwies, dass in ihrem Büro striktes Rauchverbot herrschte, noch darauf, dass er davon gesprochen hatte, mit dem Rauchen aufzuhören.

Winter hatte Roman Kaiser mehrmals zu sich nach Hause zum Essen eingeladen und wusste über dessen Privatleben Bescheid.

Kaisers erste Frau, Leas Mutter, hatte ihn mehr oder weniger über Nacht verlassen, als Lea knapp drei Jahre alt gewesen war, und war mit einem Opernsänger nach Kalifornien gegangen. „Unglaublich. Kannst du keinem erzählen, lacht dich jeder aus. Sitzen gelassen mit einem Kleinkind. Nach Amerika gezogen. Mit einem Sänger. Wie der Stoff für einen Kitschfilm", hatte Roman Kaiser ihm, nach den vielen Jahren zwar grinsend, aber immer noch irgendwie ungläubig erzählt.

Dr. Kaiser hatte seine Tochter allein aufgezogen, die beiden hatten ein wunderbares Verhältnis zueinander. Lea Kaiser hing sehr an ihrem Vater; ihre Mutter hatte sie so gut wie vergessen und schien sie auch nicht sonderlich zu vermissen. Als Lea achtzehn war, hatte Dr. Kaiser wieder geheiratet, eine blitzgescheite, fröhliche, warmherzige Zahnärztin in seinem Alter, mit der Lea sich auf Anhieb prächtig verstanden hatte. Keine zwei Jahre später, auf dem Weg zu einem Kongress in München, war der Wagen des Kollegen, mit dem Susa mitgefahren war, auf der Autobahn an einer eisigen Stelle ins Schleudern geraten und frontal mit einem Lastwagen zusammengeprallt. Susa und ihr Kollege waren auf der Stelle tot gewesen.

Roman Kaiser hatte sich nie richtig von diesem furchtbaren Schlag erholen können, aber mittlerweile waren doch schon fünf Jahre vergangen. Er hatte sich, wie seine Tochter das absolut zutreffend beschrieb, total auf seine Arbeit konzentriert und jedenfalls nach außen hin doch wieder relativ gefestigt gewirkt. In seiner Tätigkeit als Supervisor war der allseits beliebte Universitätsprofessor ihnen allen mit seiner Einfühlsamkeit, seinem Humor und seiner Souveränität eine unschätzbare Unterstützung und Helmut Winter ein guter Freund geworden.

Und nun das. Winter drückte seine Zigarette aus; den Kaffee, den Frau Ebner ihm schweigend hingestellt hatte, hatte er getrunken, ohne ihn richtig zu schmecken. Er schüttelte den Kopf, stand auf und sagte: „Scheiße. Entschuldigen Sie, Frau Ebner, aber mir fällt buchstäblich nichts anderes dazu ein. Wann kommt er?"

„Um halb vier, es ging sich bei ihm nicht anders aus. Ich habe ihm gesagt, dass Sie um vier ein Gespräch mit Ihrer neuen Mitarbeiterin haben, aber er meinte, das sei schon in Ordnung, er bleibe sowieso nicht lang."

Winter nickte und ging in sein Büro. Er setzte sich an seinen Schreibtisch, klappte die erste Akte auf, die er gleich heute Morgen bearbeiten wollte, konnte sich aber nicht recht konzentrieren.

„Stätte des Wahnsinns", hatte Frau Ebner gesagt. Das trifft es ganz gut, dachte er.

Seit knapp sechs Jahren arbeitete er nun hier im Bundesasylamt, und Frau Ebner war die Erste, die den Arbeitsalltag mit bewundernswerter Gelassenheit bewältigte. Die Sekretärinnen, die er vor ihr gehabt hatte, hatten alle nach ein paar Monaten die Nerven verloren und waren wieder gegangen. Die Beamten waren ausnahmslos alle überarbeitet und überfordert; die meisten litten unter Schlaflosigkeit, viele hatten Essstörungen.

Kein Außenstehender kann sich auch nur im Ansatz vorstellen, was wir hier für eine Arbeit machen, dachte Winter und zündete sich die nächste Zigarette an.

Er riss sich zusammen und griff nach der Akte.

Ein paar Minuten vor halb vier kam Frau Ebner in sein Büro, warf ihm vor, dass er schon wieder nicht beim Essen gewesen sei, und sagte: „Er ist schon da."

„Wer?", fragte Winter.

„Dr. Kaiser."

Winter schaute auf die Uhr, konnte nicht glauben, dass es schon so spät war, und sagte: „Mein Gott, es ist wirklich schon fast halb vier. Ja, gut, dann also."

Dr. Roman Kaiser betrat das Büro, Winter stand auf, ging ihm mit ausgestreckter Hand entgegen und sagte: „Roman. Ich freue mich, dich zu sehen. Kaffee?"

Dr. Kaiser setzte sich auf einen der Besucherstühle, nickte, murmelte ein Danke und erklärte ohne Einleitung: „Ich höre auf, Helmut. Ich gehe weg. Ich kann nicht mehr."

Winter schaute ihn an und sagte: „Moment, Roman. Du hörst auf womit? Du gehst wohin?"

Kaiser lehnte sich zurück und sagte langsam: „Ich gehe weg aus Österreich. Ich gehe nach Italien, und ich weiß nicht, wann ich zurückkomme, ob ich überhaupt zurückkomme. Ich bin jetzt zweiundfünfzig Jahre alt, Lea ist fünfundzwanzig, die kommt ohne mich zurecht. Mehr noch: Sie redet mir sogar zu, weil sie sieht, dass ich am Ende bin. Ich kann diese Arbeit hier nicht mehr machen, ich kann euch nicht mehr helfen."

Frau Ebner brachte ein Tablett mit Kaffee für beide, schloss die Tür, und Roman Kaiser fuhr fort: „Ich sehe Tag für Tag, was hier los ist. Ich sehe, wie ihr euch abarbeitet, ich sehe, wie ihr euch plagt, das Richtige zu tun. Wolltest du nicht aufhören zu rauchen?"

Winter hatte sich, ohne es zu merken, schon wieder eine Zigarette angezündet. Dr. Kaiser wartete nicht auf eine Antwort und sprach weiter: „Ich muss mitansehen, wie Menschen wie ihr wie die Verrückten arbeiten, wie ihr eine Akte nach der anderen auf den Tisch geknallt bekommt, und dann müsst ihr euch sagen lassen, dass nichts weitergeht, dass Beamte langsam sind, nichts tun, und all die anderen Klischees.

Ich sehe euren Frust, wenn kriminellen Typen in diesem Land Asyl gewährt wird, ich sehe euer Essverhalten, weil ihr keine Zeit habt zum Essen – das ist übrigens etwas, was auch eure Arbeitsmedizinerin am laufenden Band beklagt. Niemand sieht, wie vielen Menschen ihr wirklich helft. Ihr werdet nur schief angeschaut und ausländerfeindlich genannt, wenn ihr den Umstand beklagt, dass unzählige Asylwerber lügen und betrügen, weil es in Wahrheit keinen einzigen Grund gibt, warum ihnen überhaupt Asyl gewährt werden sollte.

Und ich sehe eure Angst. Angst, dass einer dieser Typen – lass mich diesen Ausdruck gebrauchen, ich darf das ja offiziell nirgendwo sagen – früher oder später vor lauter Hass eure Fensterscheiben einschmeißt, eure Autos anzündet oder gar euren Kindern etwas antut. Und das Aussichtslose an dieser ganzen Arbeit ist: Es ändert sich nichts. Unsere Politiker tun nichts beim Asylgesetz. Ich kann euch nicht mehr helfen, weil ich euch auch keine Hoffnung geben kann."

Winter war erschüttert. Das war nicht der souveräne, immer ausgeglichene Supervisor, wie ihn alle kannten und schätzten. Das war ein Mann, der ganz offensichtlich fertig war.

Er beugte sich vor und sagte: „Roman, ich bitte dich. Du brauchst vielleicht nur einen Urlaub, du arbeitest ganz einfach zu viel. Du kannst uns hier nicht im Stich lassen. Wir brauchen nicht irgendeinen Supervisor, wir sind auf dich angewiesen, und das weißt du. Du kannst …"

Kaiser unterbrach ihn: „Ich kann *nicht* mehr. Das ist der springende Punkt. Es tut mir unendlich Leid, Helmut, für dich und für die anderen. Du weißt, wie sehr ich euch alle schätze, aber ich *kann* ganz einfach nicht mehr.

Ich habe eine kleine Wohnung in Grado, du weißt das. Ich gehe nach Italien, vielleicht bleibe ich dort. Du weißt auch, dass ich begeisterter Österreicher bin, immer war. Aber ich habe eindeutig zu viel gesehen. Hier. In diesem Amt. Ich weiß noch nicht, ob ich in ein Land zurückkommen will, von dem ich weiß: Für seine eigenen Beamten tut dieser Staat gar nichts. Ihr könnt euch ohne weiteres krankarbeiten, das kümmert keinen. Aber wenn du aus einem anderen Land kommst, genügt es, einen Stein in eine Fensterscheibe zu werfen, und schon bist du ein politisch Verfolgter. Damit darfst du in Österreich bleiben, und dann kannst du anstellen, was immer du willst, kriminell sein, so viel du willst: Sie werden dich nicht mehr los. Und du lachst die österreichischen Behörden aus, von früh bis spät – schau dir doch nur wieder einmal die Akte Mehmet an."

Helmut Winter nahm einen Schluck von seinem mittlerweile kalten Kaffee, zündete sich die nächste Zigarette an und meinte: „Herrgott, Roman, ich weiß das ja alles. Es ist ein schwieriger Job, und die Gesetze sind alles andere als okay.

Wie oft habe ich bei Dienstbesprechungen schon gesagt, dass das skandalöse Zustände sind? Und habe ich jemals auch nur *ein* offenes Ohr gefunden? Du weißt es ja selbst am besten: Die, die jeden Tag diese Akten bearbeiten, denken alle gleich – aber unsere ,Oberen' stellen sich taub. Was weiß denn ich, warum. Feigheit? Bei mir rennst du mit allen deinen Argumenten weit offene Türen ein, ich könnte ein Buch darüber schreiben."

„Das ist das Nächste, Helmut, gut, dass du das ansprichst. Du *solltest* ein Buch schreiben, damit unsere Bevölkerung, eine breite Mehrheit einmal eine Ahnung davon bekommt, was sich im österreichischen Asylwesen abspielt. Nur so, nur durch gezielte Information kann eine vernünftige Gesetzesänderung herbeigeführt werden."

Da klopfte es an der Tür, und Frau Ebner sagte: „Ihre neue Mitarbeiterin ist da, Herr Hofrat. Soll ich sie bitten, ein bisschen zu warten?"

Winter schaute zu Kaiser, der sagte: „Ich lasse dich allein, wir treffen uns sowieso noch, bevor ich wegfahre. Ich wollte dich nur als Ersten von meinem Entschluss informieren."

Winter entschied spontan: „Bleib, bitte, wenn du noch Zeit hast. Ich hätte sehr gern, dass du bei diesem Gespräch dabei bist."

Kaiser nickte, und Frau Ebner bat Sandra Michaelis herein, die junge Polizeibeamtin, die aus Leoben nach Salzburg gekommen war, um für einige Zeit im Bundesasylamt zu arbeiten.

Winter machte die beiden miteinander bekannt, bot auch Sandra Michaelis Kaffee an und erklärte Kaiser: „Wir haben uns in Leoben schon einmal kurz getroffen. Frau Michaelis wird einige Zeit bei uns arbeiten, sie wird bei Einvernahmen dabei sein und nach und nach auch selbst Einvernahmen führen. In groben Zügen weiß sie, was auf sie zukommt, und sie ist voller Ambitionen und voller Zuversicht.“

Dr. Kaiser lächelte schief und sagte: „Das wird sie auch brauchen. Hast du ihr schon über den Fall Mehmet erzählt?“

Winter schüttelte den Kopf, Kaiser wandte sich an Frau Michaelis: „Bitten Sie Hofrat Winter, Ihnen die Geschichte dieses Asylwerbers zu schildern. Das ist die beste Einführung, so bekommen Sie gleich eine Vorstellung davon, was sich hier tagtäglich abspielt. Sie haben es nämlich, das wissen Sie vermutlich schon, zu tun mit der Tatsache, dass in Österreich jedes Jahr an die 40.000 Asylanträge gestellt werden, und dafür stehen nicht einmal 50 Beamte zur Verfügung. Dass das auch ein Nährboden ist für unzählige Menschen, die ganz und gar nicht mit lauteren Absichten in unser Land kommen, können Sie sich vermutlich an zwei Fingern abzählen.“

Winter sagte: „Ich will Sie nicht gleich an Ihrem ersten Tag bei uns in Salzburg verschrecken, Frau Michaelis, aber das ist gar keine so verkehrte Idee. Wenn Sie Interesse haben, sich einen typischen Fall erzählen zu lassen …“

Die junge Polizistin stimmte sofort zu und antwortete: „Gerne, das ist mir sogar sehr recht. Alles, was ich an Information kriegen kann, *bevor* ich mit meiner Arbeit hier anfange, kann mir nur zugute kommen."

Winter meinte: „Das können wir hier im Büro aber nicht machen, die Sache ist viel zu umfangreich, das dauert ein paar Stunden. Ich schlage vor, Sie kommen heute Abend zu mir, beide – du auch, Roman, da du das schon anzettelst –, ich koche uns eine Kleinigkeit, und ich erzähle Ihnen, ganz privat sozusagen, die Geschichte, die natürlich keine Geschichte ist, sondern ein ganz besonders haariger Fall. Mehmet, wie er intern nur genannt wird, ist einer jener Asylwerber, die uns ganz besonders viel aufzulösen geben. Er ist quasi ein Musterbeispiel."

Sandra Michaelis war unübersehbar erstaunt, gleichzeitig aber auch erfreut, gleich am ersten Abend bei ihrem neuen Vorgesetzten privat eingeladen zu sein, und sagte: „Sehr gern, danke. Mit so einem Einstieg hier in Salzburg habe ich nicht gerechnet."

Winter sagte: „Fein. Also um neunzehn Uhr bei mir. Du, Roman, wirst Frau Michaelis freundlicherweise erklären, wie sie zu meiner Wohnung findet. Denn jetzt schmeiße ich euch beide hinaus, ich habe hier noch zu arbeiten, und dann muss ich auch noch ein bisschen einkaufen fürs Abendessen."

Dr. Kaiser grinste Sandra Michaelis an und sagte: „Der Hofrat ist ein großer Koch vor dem Herrn, das haben Sie bestimmt noch nicht gewusst."

Winter sagte: „Verschwinde jetzt, Roman, und hör auf, über meine Kocherei zu lästern, sonst mache ich extra für dich eine große Portion Kutteln auf römische Art, die du im Stiegenhaus schon riechen kannst."

Roman Kaiser wirkte jetzt das erste Mal entspannt, lachte laut, schüttelte Winter die Hand und verabschiedete sich, Sandra Michaelis im Schlepptau.

2

Helmut Winter war tatsächlich begeisterter Koch. Er hatte sich auf italienische Gerichte spezialisiert, und sehr viele seiner Rezepte stammten von Franco, dem Küchenchef in seinem Lieblingsrestaurant, das praktischerweise noch dazu in dem Haus war, in dem Winter seine Wohnung hatte. Ein erstklassiges Lokal, in dem er seit Jahren Stammgast war, und so hatte er sich mit Franco im Laufe der Zeit angefreundet und ihm auch das eine oder andere Küchengeheimnis entlockt.

Er wollte keinen großen Aufwand betreiben heute Abend, weil es ja darum ging, die „Geschichte vom Türken", wie Roman Kaiser das nannte, zu erzählen, und das würde doch einige Zeit in Anspruch nehmen. Er überlegte: Kartoffeln hatte er im Haus, Salat auch; er brauchte noch Käse, genauer gesagt Montasio; passenden Wein hatte er immer vorrätig, und ein feines Dessert würde er aus dem Gefrierschrank nehmen.

Auf dem Weg in seine Wohnung schaute er auf einen Sprung ins bereits voll besetzte „Vino Rosso" hinein, trank ein schnelles Glas Wein mit Antonio, dem Lokalbesitzer, und ging dann in die Küche.

„Ciao!", begrüßte Franco ihn erfreut, wischte sich die Hände ab und kam auf ihn zu. „Ich habe dich seit mindestens zwei Wochen nicht gesehen. Geht es dir gut? Kommst du zum Essen? Ich habe herrlichen frischen Fisch."

„Ganz im Gegenteil", erwiderte Winter, „ich komme, um dich zu plündern und um privat mit einem deiner Rezepte anzugeben. Würdest du mir mit einem Kilo Montasio aushelfen? 800 Gramm, genauer gesagt, genügen. Ich habe bei der Firma Nussmüller angerufen, wo ich ihn normalerweise kaufe, die kriegen ihn aber erst morgen wieder."

„Du hast Glück", sagte Franco, „ich habe heute eine Lieferung bekommen, direkt aus Italien, wie alle unsere Zutaten. Dafür verrätst du mir, was du kochst. Trinkst du ein Glas Rotwein, hast du Zeit?"

„Nein, dank dir", sagte Winter, „Antonio hat mich schon zu einem Achtel überredet, und meine Gäste kommen um sieben. Ich will deinen berühmten frico della domenica machen."

„Bravo", rief Franco, „das freut mich. Das ist ein schnelles Essen, schmeckt gut, und das kennt kaum jemand. Du machst einen schönen bunten Salat dazu, und du wirst deinen Freunden sagen, dass das eine Spezialität aus dem Friaul ist, ein Sonntagsessen in meiner Heimat, va bene?"

„Natürlich", antwortete Winter, „auch dass das in kaum einem Kochbuch zu finden ist und außer bei dir im Restaurant vermutlich noch niemand in dieser Stadt gegessen, geschweige denn selbst gekocht hat."

Franco lachte und meinte: „Mi fa piacere, es macht mir immer Freude, dir meine Rezepte zu verraten, weil ich weiß, dass du mit guten Zutaten gut umgehen kannst."

Er holte den Käse, packte ihn für Winter ein und sagte: „Ecco. Freut mich, dass ich dir helfen konnte. Macht euch einen schönen Abend. Es ist noch herrlich warm für diese Jahreszeit, ihr könnt auf deiner Terrasse essen. Übrigens: Il turco habe ich wieder einmal gesehen dieser Tage, betrunken natürlich. Der ist vielleicht eine Figur! Dass ihr diesen Kriminellen nicht zurückschicken könnt in seine Heimat – ich werde das nie verstehen."

Winter seufzte und sagte: „Ach Franco, du weißt doch, dass ich über meine Arbeit nicht sprechen darf. Lass gut sein."

„Natürlich", sagte der Koch, „entschuldige bitte. Ich wünsche dir einen schönen Abend, gutes Gelingen und buon appetito."

Winter gab ihm die Hand, bedankte sich herzlich für die Hilfe und machte sich auf den Weg zu seiner Wohnung.

„Il turco" – der Türke. Der schien ihn heute zu verfolgen. In der Tat war er ja das geplante Thema dieses Abends, und jetzt hatte ihn auch Franco noch auf ihn angeredet. Die halbe Stadt kannte diesen Mann, der alle paar Wochen an allen Ecken und Enden in Raufereien, Diebstähle und noch schlimmere Delikte verwickelt war. Asylwerber in Österreich – wie hatte Roman gesagt: Du musst nur eine Fensterscheibe einschmeißen, und schon bist du ein politisch Verfolgter und darfst dableiben.

Winter seufzte noch einmal und trat aus dem Lift in seine Wohnung. Es war ein lauer Abend, vielleicht würden sie wirklich auf der Dachterrasse essen können.

Er öffnete alle Fenster und stellte einen Topf auf den Herd, um vier große Kartoffeln zu kochen. Er überlegte kurz, ob er sich einen Espresso machen sollte, beschloss dann aber, dass ein Mineralwasser besser sei. Kaffee, wenn auch nur den Filterkaffee im Büro, hatte er heute schon ganz schön viel getrunken. Er goss sich ein Glas Wasser ein und setzte sich auf seine schöne große Terrasse. Es war noch ausreichend Zeit. Das Essen würde schnell fertig sein, er konnte ruhig noch eine Zigarette rauchen. Dabei hatte ich ernsthaft vor, mit dieser elenden Raucherei aufzuhören, dachte er. Diese Nachricht heute Früh, dass Roman uns verlassen will, hat mich wieder umgeworfen.

Er schälte die fertig gekochten, noch heißen Kartoffeln und zerdrückte sie mit einer Gabel. Die 800 Gramm Montasio rieb er grob. Dann hackte er eine weiße Zwiebel fein. Das war alles an Vorbereitungsarbeit. Er richtete rasch noch alles für einen gemischten Salat her und deckte den Tisch, nun doch im Esszimmer, denn falls das Gespräch schon während des Essens auf den Türken käme, überlegte er, könnten sie dieses heikle Thema ohnehin nicht auf der Terrasse besprechen. Die Nachbarn, die unter ihm wohnten, waren zwar selten zu Hause, aber dennoch.

Fünf Minuten vor acht trafen seine beiden Gäste ein, gemeinsam, sie hatten sich vor dem Haus getroffen. Dr. Kaiser hatte eine gute Flasche Wein mitgebracht, und die sympathische junge Polizistin, noch völlig fremd in der Stadt, hatte irgendwo eine ganz besonders schön aussehende, irgendwie exotisch wirkende Zimmerpflanze aufgetrieben, die sie dem verblüfften Winter in die Hand drückte. „Wie Sie die pflegen müssen, werde ich Ihnen in den nächsten Tagen genau erklären", sagte sie freundlich. „Vielen Dank für die Einladung – oh, ist das hier schön!"

Winter sagte zu Roman Kaiser: „Du kennst dich ja aus, geh ruhig schon voraus ins Esszimmer, ich komme gleich. Ihnen", wandte er sich an Sandra, „zeige ich die Wohnung." Er führte sie durch sein geräumiges, luftiges Penthouse mit der großen Terrasse, auf der er drei riesige rot blühende Oleander stehen hatte.

Dann brachte er sie zu Dr. Kaiser ins Esszimmer. Er bot ihr einen Platz am Esstisch an, schenkte einen Aperitif ein, nahm selbst aber nur einen kleinen Schluck und sagte: „Mich müsst ihr jetzt für ein paar Minuten entschuldigen, ich gehe in die Küche. Das, was ich euch servieren werde, muss ganz frisch gemacht werden, dauert aber nicht lang."

Er röstete die gehackte Zwiebel in einer beschichteten Pfanne mit wenig Olivenöl an, gab die zerdrückten Kartoffeln und den geriebenen Käse dazu und pfefferte ordentlich. Diese Mischung ließ er ein paar Minuten auf mittlerer Hitze, deckte die Pfanne zu und ließ die Masse bei schwacher Hitze weiterbraten, bis das Ganze die Konsistenz eines Omeletts hatte. Dieses drehte er nun mit Hilfe des Pfannendeckels um und briet es auf der anderen Seite ebenfalls goldbraun. In der Zwischenzeit machte er den bunt gemischten Salat ab.

Er ging mit der Pfanne in der einen, der Salatschüssel in der anderen Hand ins Esszimmer und sagte: „Ecco – wie mein Freund und Kochkomplize Franco sagen würde. Das ist eine Spezialität aus dem Friaul und heißt frico della domenica. Guten Appetit."

Er schenkte den gut gekühlten Weißwein ein. Dr. Kaiser und die junge steirische Polizistin waren schon von dem

Duft, der aus der Küche gekommen war, ganz angetan gewesen und griffen nun begeistert zu.

„Sehen Sie“, sagte Kaiser kauend zu Sandra Michaelis, „ich habe Ihnen nicht zu viel versprochen. Hofrat Winter ist mit allen Wassern der italienischen Küche gewaschen. Er hat mir schon Spezialitäten gekocht, von denen garantiert noch niemand gehört hat.“

Sie antwortete strahlend: „So etwas Gutes habe ich überhaupt noch nie in einem italienischen Restaurant gegessen, nicht einmal auf der Speisekarte gesehen. Ich freue mich sehr, dass ich heute Abend mit Ihnen beiden hier in dieser schönen Wohnung essen darf, ich finde es überhaupt herrlich, was das für ein Einstieg in meinen neuen Job ist für mich.“

Sie sprachen nicht allzu viel beim Essen, nur über das immer noch warme, angenehme Wetter und ob als „Strafe“ dafür wohl ein harter Winter kommen würde.

Nachdem sie zu dritt das sehr ausgiebige Gericht, das für vier Personen gedacht war, bis auf den letzten Rest aufgegessen hatten, einigten sie sich darauf, mit dem Dessert ein wenig zu warten. Winter hatte ein Semifreddo, Halbgefrorenes aus Biskuit und Waldbeeren, aus dem Gefrierschrank genommen, als er nach Hause gekommen war. Das würde in einer Stunde oder so genau richtig sein.

Er entschied: „Das lassen wir jetzt alles so stehen, den Tisch räumen wir gar nicht ab, das mache ich später.“ Er machte Espresso für alle, sie setzten sich ins Wohnzimmer, und Dr. Kaiser sagte: „Nun, Helmut. Während des

Essens habe ich dich in Ruhe gelassen, aber jetzt musst du Frau Michaelis die Geschichte von Mehmet erzählen. Ich wüsste sogar einen passenden Titel: Von einem türkischen Bauernsohn, der auszog, um politischer Flüchtling zu werden."

Helmut Winter verzog das Gesicht und meinte: „Es ist in der Tat, du hast ja Recht, längst mehr als ein Fall, eine Akte: Es *ist* eine Geschichte, und zwar, so wie es aussieht und wenn wir schon bei den Titeln sind: eine unendliche Geschichte."

An Sandra Michaelis gewandt, sagte er: „Wie Dr. Kaiser heute in meinem Büro schon erwähnt hat und wie Sie aus unserem kurzen Gespräch in Leoben auch bereits wissen, ist es so, dass in Österreich jährlich rund 40.000 Asylanträge eingebracht werden, und es stehen nur knapp 50 Leute zur Verfügung, die sich damit befassen sollen. Dass das immer wieder mit enormem Zeitverzug einhergeht, können Sie sich leicht ausrechnen.

Die Geschichte jenes Asylwerbers, von dem ich Ihnen jetzt erzählen werde, ist so umfangreich, dass ich sie aus dem Gedächtnis gar nicht in allen Einzelheiten abrufen könnte. Ich habe mir deshalb die Akte mit nach Hause genommen und werde also jetzt damit beginnen. Sie dürfen übrigens in meiner Wohnung ruhig rauchen – ich rauche auch, wie Sie sehen, auch wenn Dr. Kaiser mich vorwurfsvoll anschaut, weil ich groß geredet habe, dass ich damit aufhören werde."

Die junge Polizistin lächelte dankbar und nahm eine Packung Zigaretten aus ihrer Handtasche. Winter holte einen weiteren Aschenbecher aus dem Schrank, stellte ihn auf den Tisch und erklärte: „Damit Sie keinen falschen Eindruck bekommen, Frau Michaelis: Wir reden hier nicht von Menschen, die wirklich Hilfe und Unterstützung brauchen. Die *gibt* es natürlich. Und denen *wollen* wir selbstverständlich auch helfen.

Wir reden von der Lücke oder besser gesagt von einem Riesenloch im österreichischen Asylwesen. Von Menschen, die zu uns kommen und um jeden Preis hier bleiben wollen, von Anwälten, die sie dabei unterstützen, obwohl es keinen einzigen Asylgrund gibt. Und von Menschen, die kriminell sind und die wir trotzdem nicht mehr zurückschicken können.

Der türkische Asylwerber, von dem ich Ihnen jetzt gleich berichten werde, ist einer von unzähligen Problemfällen, die uns Tag für Tag unterkommen und gegen die wir wehrlos sind. Typen, wie Dr. Kaiser sagt, wenn er wütend ist, die nach Österreich kommen, weil sie meinen, irgendwo gleich nach der Grenze steht das Schild ‚Schlaraffenland', und das Schlimme ist: Sie haben Recht. Für sie *ist* es das. Sobald sie aber hier sind, benehmen sie sich wie die Axt im Wald, werden sofort kriminell und sind nicht mehr loszuwerden."

3

„Mehmet – der Familienname ist hier nicht so wichtig – stammt aus einer Bauernfamilie in der Türkei. Er hat vier Brüder und fünf Schwestern. Von 1973 bis 1978 besuchte er in seinem Dorf die Schule und arbeitete dann als Traktorfahrer auf dem Bauernhof seiner Eltern. Im Jahr 1980 bekam er einen Job als Busfahrer und übte diese Tätigkeit bis 1990 aus. Zwischendurch, von März 1986 bis November 1987, leistete er seinen Militärdienst als einfacher Soldat bei der Infanterie.

Sein Dasein in der Türkei scheint ihn nicht recht gefreut zu haben, denn im November 1990 ließ er sich von den Behörden in Tunceli einen Reisepass ausstellen, und bereits im Februar 1991 machte er sich mit ein paar anderen Landsleuten in einem Bus auf den Weg über Bulgarien nach Rumänien. Dabei bedienten sie sich einer Schlepperorganisation. Mehmet musste allein für sich 2.500 DM an die Schlepperbande bezahlen.

In Rumänien hielten sie sich eine Woche lang auf und reisten dann in das damalige Jugoslawien weiter. Die Schlepper brachten sie nach Marburg. Am 11. März fuhr Mehmet mit einem Freund bis an die österreichische Staatsgrenze heran. Zu Fuß überquerten sie durch das Gelände die Grenze bei Spielfeld und gingen bis zur ersten Ortschaft. Dort nahmen sie sich ein Taxi und fuhren damit nach Wien. Anschließend ging es weiter mit der Badner Bahn nach Traiskirchen; dort suchten beide Männer im Flüchtlingslager um Asyl an.

Bei der üblichen Einvernahme nach Asylgründen befragt, gab Mehmet an, er sei alewitischer Kurde und in der Türkei in den letzten Jahren von der Gendarmerie mehrmals festgenommen und geschlagen worden, weil – so erklärte er höchst verallgemeinernd – ‚die türkischen Behörden die Kurden als potenzielle Terroristen ansehen‘. Man habe ihm immer wieder vorgeworfen, die Kurden würden die PKK unterstützen, er sei wiederholt verhört worden. In seinem Dorf, sagte er, traue sich niemand nach 18 Uhr noch auf die Straße, alle hätten Angst. Aus diesem Grund habe er die Türkei verlassen.

Bei dieser Befragung zu seinem Asylantrag zeigte sich Mehmet politisch völlig ungebildet und ahnungslos und drückte sich in allereinfachster Sprache aus. Es war unschwer zu erkennen, dass er von keiner politischen Organisation auch nur die mindeste Ahnung hatte.

Er wurde in eine Unterkunft in Oberösterreich eingewiesen, sodass für die Entscheidung, ob ihm Asyl gewährt werden könne, die Sicherheitsdirektion für das Bundesland Oberösterreich zuständig wurde. Diese hat den Asylantrag wegen nicht erkennbarer Notwendigkeit und mangelnder politischer Anknüpfungspunkte für eine asylrelevante Verfolgung mit Bescheid vom 6. Mai 1991 abgewiesen.

Dagegen hat Mehmet ganz schnell berufen. Diese Berufung war aber eindeutig nicht von ihm, sondern ganz offensichtlich von jemandem verfasst worden, der erkannt hatte, dass Mehmet meilenweit davon entfernt war, auch nur einen einzigen vernünftigen Grund angeben zu können, warum Österreich ihm Asyl gewähren sollte. Diese Person, wo immer er sie auch herausgezaubert haben mag, hat in dem Berufungsschreiben ordentlich dick aufgetragen, und so stand nun, in krassem Gegensatz zu den äußerst schlichten Sätzen, die Mehmet im März von sich gegeben hatte, Folgendes zu lesen:

Zu meinen Aussagen beim Erstinterview möchte ich ergänzen bzw. richtig stellen, dass die Haft, von der ich gesprochen habe, wegen des Verdachtes, dass ich über den Aufenthalt eines Mannes, der politisch tätig war, nicht aussagen wollte, verhängt wurde. Dabei wusste ich nicht, wo sich dieser Mann aufhielt. Ich wurde aber verurteilt und habe zwei Jahre in Haft verbringen müssen.

Bei meiner Ankunft in Österreich wurde mir geraten, nichts zu sagen, was in politischem Zusammenhang steht. Aus Angst, wieder in jenes Land, dessen Behörden mich foltern und unschuldig einsperren, abgeschoben zu werden, habe ich diesen Rat befolgt. Ich wurde in das Naheverhältnis mit einer politischen Gruppe gebracht, deren Mitglied ich aber nicht war.

Meine Haft verbrachte ich wochenlang in einer knietief mit Wasser gefüllten Zelle, auf deren Boden Glasscherben verstreut waren. Zwei Monate lang wurde ich regelmäßig gefoltert, und zwar mit Stromstößen, die von den Zehen bis zu den Fingern durch meinen Körper geleitet wurden. Ebenso wurde ich mit einem kalten Wasserdruckstrahl immer wieder so lange besprüht, bis ich ohnmächtig wurde.

Nach dieser schrecklichen Zeit in Haft war die Verfolgung erst recht nicht beende. Ständig wurde ich zu irgendwelchen Taten verhört und gelegentlich misshandelt, bis ich aufgefordert wurde, das Dorf zu verlassen, sonst würde man mich umbringen. Ich weiß, was diese Drohung bedeutet, und hatte auch nicht die Möglichkeit, in ein anderes Dort zu gehen, denn allzu schnell wäre ich wieder gefunden worden. Die mir unterstellte Zugehörigkeit zu einer politischen Gruppierung hatte mir Gefängnis, Folter und schließlich die Flucht aus der Türkei eingebracht. Die Angst, gefoltert oder gar getötet zu werden, trieb mich in die Flucht.

Auf der Flucht über Rumänien wurde ich von Soldaten erwischt und musste eine Nacht lang im Freien auf dem Boden liegen, doch schließlich konnte ich entkommen, denn die Angst, zurückgebracht zu werden, was einem Todesurteil gleichkommt, trieb mich immer weiter.

Wenn schon die Verfolgung aus politischen Gründen aus begründeter Furcht zur Feststellung der Flüchtlingseigenschaft zur Begründung herangezogen wird: Um wie viel mehr muss dies dann für einen Menschen gelten, der nicht einmal politisch tätig war, sondern nur auf Verdacht eingesperrt, gefoltert und misshandelt wurde?"

Winter unterbrach seinen Vortrag und erläuterte: „Wie wir hier sehen, handelt es sich bei Mehmet um einen ganz einfachen Mann aus einer riesigen Familie, mit nur ein paar Jahren Schulbildung, der selbst auf gar keinen Fall in der Lage gewesen wäre, einen derart schwülstigen, pathetischen Brief zu schreiben. Blitzartig hat er allerdings jemanden gefunden, der diese Berufung für ihn abgefasst hat.

Diese Berufung ging an das Bundesministerium für Inneres als Behörde zweiter Instanz. Bis zur Entscheidung sollten aber – und das ist der Faktor Zeit, den ich bereits angesprochen habe – mehr als zwei Jahre vergehen, während derer man Mehmet nicht zurück in die Türkei schicken konnte, weil eben dieses Berufungsverfahren anhängig war. Und er hatte auch durchaus nicht vor, zurückzukehren, sondern hat diese Zeit ganz nach seinem Geschmack genützt:

Am 20. Juli 1991 morgens bestieg er mit zwölf weiteren Türken den VW-Bus von Düzgün D., der in seiner Gruppe den Decknamen Ali trug. Sie fuhren in die Stadt Salzburg und stellten den Bus in der Nähe des türkischen Generalkonsulates ab. Sie vermummten sich mit roten und schwarzen Tüchern, nahmen ein Transparent mit politischen Aufschriften und zogen, mit sechs Holzstöcken von 80 cm Länge und 5 cm Stärke sowie Plastiksäcken voller faustgroßer Steine bewaffnet, zum türkischen Generalkonsulat am Salzburger Rudolfskai.

Dort begannen sie nun, die Steine, die sie in den Plastiksäcken mitgebracht hatten, gegen die Hausfront und auf die wartenden Personen im Parteienverkehr zu werfen. Der diensthabende Sicherheitswachebeamte verständigte unverzüglich die Funkleitstelle der Bundespolizeidirektion Salzburg und bat dringend um Unterstützung. Danach stellte er sich den Türken in den Weg, um ihr Eindringen auf das Areal des Konsulats zu verhindern, sie gingen aber mit ihren Stöcken auf ihn los. Er brachte sein Sturmgewehr in Anschlag und drohte zu schießen. Damit konnte er zwar verhindern, dass sie ihn mit ihren Stöcken schlugen, nicht aber, dass sie weiterhin Steine warfen.

Eine Frau unter den wartenden Personen wurde von einem dieser Steine am Kopf getroffen und musste mit der Rettung ins Krankenhaus gebracht werden.

Außer den Steinen warfen sie allerdings auch einen Molotow-Cocktail gegen ein Fenster, der jedoch glücklicherweise ohne loszugehen auf dem Fensterbrett liegen blieb.

Als die Einsatzkräfte der Polizei herannahten, ergriff die Gruppe die Flucht. Die Beamten im ersten Streifenwagen konnten sie unweit des Generalkonsulats anhalten, worauf sie wieder mit ihren Stöcken zu schlagen begannen. Einem Polizeibeamten gelang es, einem Türken seinen Stock zu entwinden, einem anderen Polizisten brach einer der Türken einen Finger. Inzwischen waren weitere Einsatzkräfte eingetroffen und konnten die ganze Bande festnehmen.

Im Zuge der Ermittlungen wurde festgestellt, dass der Werfer des Molotow-Cocktails, Selcuk S., diesen angefertigt und einen weiteren bei sich zu Hause ‚vorrätig' hatte.

Alle 13 Mitglieder der renitenten Gruppe wurden über einen richterlichen Haftbefehl in das landesgerichtliche Gefangenenhaus Salzburg eingeliefert, und über alle Gruppenmitglieder wurde Schubhaft verhängt.

Im VW-Bus konnte die Polizei weitere Tücher zum Vermummen, einen Karton Holzspäne für Brandsätze und eine große Anzahl von Flugblättern in türkischer und deutscher Sprache mit politischem Inhalt über die verbotene türkische Linkspartei DEV-SOL sicherstellen. Unter diesen Schriften waren unter anderem auch Belehrungen und Tipps für das Einbringen von Asylanträgen und Bestimmungen über das österreichische Fremdengesetz sowie weiters Schriften eindeutig terroristischen Inhalts einer Organisation namens ‚Revolutionäre Linke‘ mit Bekennerbriefen zur Ermordung eines CIA-Agenten und eines türkischen Generals, die namentlich genannt waren.

Von dieser 13-köpfigen Gruppe waren, das darf ich nur am Rande erwähnen, sage und schreibe zehn Personen Asylwerber. Vier von ihnen hatten ein negatives Asylverfahren hinter sich, hielten sich aber trotzdem in Österreich auf.

Die Rechtsanwälte Dr. Karl W. und Dr. Elisabeth W. beriefen gegen die Schubhaft; mit Bescheid der Sicherheitsdirektion für das Bundesland Salzburg vom 6. November 1991 wurde dieser Berufung stattgegeben und die Schubhaft aufgehoben, und das ist noch nicht alles: Im Gerichtsverfahren vor dem Landesgericht Salzburg wegen versuchten Widerstandes gegen die Staatsgewalt und wegen verbrecherischen Komplotts wurden neun Personen dieser Gruppe, darunter auch Mehmet, freigesprochen. Für die Kosten ihrer Verteidigung erhielten sie einen Betrag von 5.000 Schilling, also heute rund 365 Euro."

Hier unterbrach die junge Polizistin Helmut Winter und sagte: „Entschuldigen Sie, Herr Hofrat, ich kann nicht ganz glauben, dass ich das jetzt alles richtig verstanden habe. Das kann doch wohl nicht wahr sein, oder doch? Sie meinen, dieser Mehmet wurde freigesprochen und hat obendrein Geld für seine Verteidigung kassiert, obwohl er eindeutig bei dieser Randaliererei vor dem Konsulat dabei war? Der hatte bereits einen abgewiesenen Asylantrag und ist für meine Begriffe doch straffällig geworden. Der attackiert das Konsulat! Warum schickt man ihn nicht in die Türkei zurück?"

„Sehen Sie, Frau Michaelis …"
„Bitte sprechen Sie mich mit meinem Vornamen an, Sie beide", sagte Sandra Michaelis, „das war in meiner Dienststelle in Leoben auch so, und es ist mir lieber."
„Gerne", sagte Winter, „also, Sandra, es ist so, wie ich bereits kurz angerissen habe. Sie haben schon Recht, Mehmets Asylantrag wurde abgewiesen. Aber er hat dagegen berufen, und solange ein Berufungsverfahren läuft, kann man einen Menschen nicht in seine Heimat abschieben. Das ist das eine.
Das andere ist, dass es – ich muss es leider sagen und Sie werden es selbst erleben – gewisse Rechtsanwälte gibt, die sich in einer Art und Weise für diese Sorte von Asylwerbern einsetzen, die uns, und Dr. Kaiser wird Ihnen das

bestätigen können, nicht daran zweifeln lässt, dass diese Herrschaften nicht Recht und Gerechtigkeit, sondern ausschließlich ihre Honorare vor Augen haben.

Gut, dass Sie genau in diesem Moment dazwischengefragt haben, genau darauf werde ich jetzt nämlich gleich zu sprechen kommen."

4

„Die Berufung in Mehmets Asylverfahren", fuhr Helmut Winter fort, „wurde im August 1993, also, wie schon erwähnt, rund zwei Jahre später, schließlich abgewiesen und der Bescheid der Sicherheitsdirektion für das Bundesland Oberösterreich bestätigt. Ich darf hier nur kurz einflechten, dass ich Ihnen die jeweiligen Daten aus einem ganz bestimmten Grund so genau vorlese: Mehmet ist im März 1991 nach Österreich gekommen und hat nicht lang damit gewartet, alles andere als positiv aufzufallen: mit dieser Steinewerferei auf das Konsulat nämlich, das war bereits im Juli desselben Jahres. Ich werde dabei bleiben, wenn es Ihnen recht ist, die Daten ganz präzise anzugeben, damit Sie sehen, in welchen Abständen dieser Mann in Österreich Scherereien macht.

Und jetzt – wie bereits erwähnt – tritt Dr. Gerhard M. auf den Plan, einer dieser Anwälte, von denen ich gerade gesprochen habe. Er ist in einschlägigen Kreisen eine überaus beliebte Adresse.

Rechtsanwalt Dr. Gerhard M. erhob gegen diesen abweisenden Bescheid des Bundesministeriums für Inneres Beschwerde an den Verwaltungsgerichtshof. Der Verwaltungsgerichtshof schließlich hat dieser Beschwerde mit Beschluss vom November die aufschiebende Wirkung zuerkannt, was genau das heißt, was ich gerade gesagt habe: Mehmet konnte von der Fremdenpolizei nicht abgeschoben werden.

Mit Erkenntnis vom Oktober 1994, also wieder ein Jahr später, hat der Verwaltungsgerichtshof den Bescheid des Innenministeriums schließlich aufgehoben – damit war das ganze Verfahren wiederum beim Innenministerium anhängig.

Im Juni 1995 – beachten Sie bitte, wie lang Mehmet sich mittlerweile schon in Österreich aufhält – erstattete derselbe Rechtsanwalt, Dr. Gerhard M., eine Berufungsergänzung, die ich Ihnen jetzt im Wortlaut vorlese:

Seit der Erlassung des Bescheides der Sicherheitsdirektion für Oberösterreich hat sich die Politik des türkischen Staates gegenüber der kurdischen Volksgruppe noch weiter verschärft. Die kurdische Volksgruppe hat ihrerseits auf diese brutale Repressionspolitik mit Widerstand und Protestkundgebungen, vor allem auch im Ausland, reagiert. Diese Eskalation ist so weit gediehen, dass derzeit ethnische Kurden, die in irgendeiner Weise politisch auffällig geworden sind, ganz allgemein verfolgungsbedroht sind.

Bereits im Juli 1991 ist es in Istanbul und auch in Teilen von Kurdistan neuerlich zu massiven Vorfällen blutiger staatlicher Gewalt gegenüber der kurdischen Bevölkerung gekommen. So wurden damals in Istanbul zwölf Kurden von Sicherheitskräften getötet. Auch in Kurdistan selbst ist es zu brutalen Tötungen kurdischer Volksangehöriger durch Sicherheitskräfte gekommen.

Aus Solidarität mit ihren kurdischen Brüdern und Schwestern in der Heimat haben sich am 20. Juli 1991 die kurdischen Flüchtlinge Mehmet M. und zwölf weitere in Salzburg zusammengefunden, um dort vor dem türkischen Konsulat gegen die Unterdrückung des kurdischen Volkes und gegen die brutale Ermordung ethnischer Kurden durch die türkischen Sicherheitskräfte zu demonstrieren. Die Genannten haben dabei in der Überzeugung gehandelt, in einem freien demokratischen Staat des Westens zu einer derartigen Handlung auch berechtigt zu sein. Sie haben diese Demonstration in der Absicht und Überzeugung gesetzt, dazu aus Solidarität zu ihren kurdischen Brüdern und Schwestern in der Heimat moralisch verpflichtet zu sein. Im Zuge dieser Demonstration ist es durch heute nicht mehr klärbare Vorfälle auch dazu gekommen, dass einige Gegenstände gegen das Gebäude des türkischen Generalkonsulats geworfen wurden.

Wegen der Teilnahme an dieser Demonstration und der damit zusammenhängenden Ereignisse wurde der Berufungswerber Mehmet M. mit den anderen genannten kurdischen Personen beim Landesgericht Salzburg in Untersuchungshaft genommen, es kam sodann zu einem Strafverfahren. Die Hauptverhandlung hat am 17. September 1991 vor dem Landesgericht Salzburg stattgefunden.

In diesem Strafverfahren wurde Mehmet M. letztlich freigesprochen. Wegen der bei der Demonstration ent-

standenen Beschädigungen am Konsulatsgebäude hat sich jedoch die türkische Republik dem Strafverfahren als Privatbeteiligter angeschlossen. Die türkische Republik hat daher im Detail Kenntnis von der Person des Mehmet M. erhalten.

Im Hinblick auf diese Vorfälle sowie unter Bedachtnahme auf die aktuelle politische Situation in der Türkei kann nicht der geringste Zweifel daran bestehen, dass der Asylwerber Mehmet M. nicht in die Türkei zurückkehren kann, weil ihm dort massive asylrelevante Verfolgung drohen würde. Er hätte zu gewärtigen, sofort festgenommen, sicherheitspolizeilich einvernommen, verhört, wegen terroristischer und separatistischer Betätigung unter Anklage gestellt, nach dem türkischen Anti-Terror-Gesetz strafrechtlich belangt und schließlich abgeurteilt zu werden. Er hätte auch mit schweren Folterungen und Misshandlungen durch türkische Sicherheitsbehörden zu rechnen, wobei diese allenfalls auch seinen Tod nach sich ziehen könnten. Dem Berufungswerber würde in seiner Heimat sogar die Todesstrafe drohen. Im für ihn günstigsten Fall hätte er mit einer vieljährigen Freiheitsstrafe zu rechnen.

All diese Mehmet M. drohenden Verfolgungen haben ihre Ursache ausschließlich in der Nationalität des Asylwerbers sowie in seiner politischen Gesinnung und Überzeugung. Sie sind daher asylrelevant.

Die türkische Staatsmacht hat seit der Flucht von Mehmet M. nach Österreich ihre gewalttätigen und militärischen Aktionen gegen das kurdische Volk und die

*kurdischen Widerstandskämpfer noch erheblich intensi-
viert. So ist es anlässlich des Newrous-Festes am 21. März
1992 zu Massakern an der kurdischen Zivilbevölkerung
gekommen, welche die Grausamkeiten und Massaker
anlässlich des Newrous-Festes 1991 noch erheblich über-
troffen haben. Anlässlich des kurdischen Newrous-Festes
1992 sind durch Angehörige der türkischen Exekutive
zahlreiche Menschen aus der kurdischen Zivilbevölkerung
ermordet worden. Darüber gibt die Broschüre ‚Kurdistan
zu Newrous, Neujahrsfest im März 1992‘, herausgegeben
vom Kurdistan-Komitee in Deutschland, März 1993, im
Einzelnen Auskunft. Diese Broschüre ist ein erschüttern-
des Dokument über die von der türkischen Staatsmacht
gegenüber der kurdischen Zivilbevölkerung entfaltete brutale, menschenunwürdige Repressions- und Unter-
drückungspolitik.*

*Im Jahre 1993 hat sich diese Politik des türkischen
Staates gegenüber der kurdischen Volksgruppe noch verschärft. Die kurdische Volksgruppe hat ihrerseits auf diese
brutale Repressionspolitik mit Widerstand und Protestkundgebungen, vor allem auch im Ausland durch Beset-
zen türkischer Konsulate und Botschaften, reagiert. In
diesem Zusammenhang ist es damit in jüngster Zeit zu
einer weiteren Verschärfung und Eskalation der diesbe-
züglichen politischen Gesamtsituation gekommen.*

*Bereits aufgrund dieser allgemeinen politischen
Gesamtsituation betreffend die kurdische Volksgruppe in
der Türkei wäre Mehmet M. im Falle der Abschiebung in
die Türkei in hohem Maße gefährdet und würde sofort in*

Polizeihaft genommen, gefoltert, auf ungewisse Zeit festgehalten, ja möglicherweise sogar exekutiert werden.

Die derzeitigen politischen Verhältnisse in der Türkei betreffend diese Verfolgung der kurdischen Volksgruppe dürfen als amtsbekannt vorausgesetzt werden, ebenso die diesbezüglich ergangenen Berichte in den österreichischen Medien.

Wegen der Teilnahme an der eingangs erwähnten Demonstration und der damit zusammenhängenden Ereignisse ist Mehmet M. gemeinsam mit den anderen kurdischen Personen aufgrund des Beschlusses des Landesgerichtes Salzburg vom 21. Juli 1991 in Untersuchungshaft genommen worden. Aus der dem Strafverfahren zugrunde liegenden Strafanzeige der Bundespolizeidirektion Salzburg vom 20. Juli 1991 geht hervor, dass die Demonstranten mit roten und schwarzen Tüchern vermummt gewesen sind, Transparente mit politischen Aufschriften mitgehabt haben, es zu einer Bedrängung des Sicherheitspostens gekommen ist und schließlich Steine gegen den Garten des Konsulats, wo angeblich eine türkische Staatsangehörige getroffen worden sein soll, geworfen wurden. Der geistige Führer der Gruppe hätte schließlich einen so genannten Molotow-Cocktail gegen das Konsulatsgebäude geworfen. Dieser Molotow-Cocktail sei von diesem auch selbst hergestellt worden.

In der vom Landesgericht Salzburg durch einen Einzelrichter am 17. September 1991 durchgeführten mündlichen Hauptverhandlung sind mehrere Angeklagte des

Vergehens des versuchten Widerstandes gegen die Staatsgewalt, der geistige Führer darüber hinaus des Vergehens der schweren Körperverletzung, begangen an einem österreichischen Polizeibeamten, für schuldig erkannt worden. Hingegen wurden die übrigen Angeklagten zur Gänze freigesprochen. In diesem Strafverfahren hat sich die türkische Republik, vertreten durch das türkische Generalkonsulat, als Privatbeteiligter dem Verfahren angeschlossen. Die türkische Republik war in diesem Strafverfahren durch die Rechtsanwälte Dr. Wolfgang B., Dr. Josef A. und Dr. Wilhelm S. vertreten. Sie haben Akteneinsicht genommen und vom gesamten Vorfall und den aktenkundigen Anzeigefakten Kenntnis erlangt. Der Privatbeteiligtenanschluss sei wegen angeblicher Schäden am Gebäude des türkischen Generalkonsulats erfolgt.

Es steht daher fest, dass der türkischen Staatsmacht die Geschehnisse im Zusammenhang mit der beschriebenen Demonstration vom 20. Juli 1991 im Detail bekannt wurden. Die türkische Staatsmacht hat insbesondere Kenntnis darüber erhalten, wer an der Demonstration beteiligt war. Diese Personen sind daher im Falle ihrer Rückkehr in die Türkei in hohem Maße von staatlicher Verfolgung, willkürlicher Verhaftung, willkürlicher Folterung, ja sogar von willkürlicher Tötung bedroht.

Dr. Gerhard M. vertrat also mit aller Vehemenz die Ansicht und hat das in seiner Berufungsergänzung auch wiederholt zum Ausdruck gebracht, dass schon alleine die Tatsache rund um das Gerichtsverfahren in Salzburg ein Grund sei, Mehmet in Österreich Asyl zu gewähren. Mehmets Angst, nun in der Türkei verfolgt zu werden, lasse sich aufgrund des Vorfalles beim türkischen Generalkonsulat auch objektiv nachvollziehen. Miteinbezogen werden müsse weiters die bereits dargelegte Verschärfung der allgemeinen Situation hinsichtlich der Verfolgung der kurdischen Volksgruppe. Es könne daher nicht zweifelhaft sein, dass der österreichische Staat seinem Mandanten Asyl zu gewähren habe.

Sein Mandant sei mit der österreichischen Rechtslage nicht vertraut und habe deshalb den Sachverhalt rund um den Vorfall mit der Demonstration vor dem türkischen Generalkonsulat in seinem Berufungsverfahren nicht angegeben.

Auf das Innenministerium hat diese reich ausgeschmückte Schilderung des Rechtsanwalts ganz offensichtlich keinen gesteigerten Eindruck gemacht, denn mit Bescheid vom 27. Juni 1995 hat das Ministerium den Asylantrag neuerlich abgewiesen, und zwar mit der Begründung, dass Mehmet nachweislich über Jugoslawien eingereist sei und bereits dort um Asyl hätte ansuchen können.

Aber auch gegen diesen Bescheid hob Rechtsanwalt Dr. Gerhard M. Beschwerde an den Verwaltungsgerichtshof. Dieser Beschwerde wurde mit Beschluss vom 29. August 1995 wieder die aufschiebende Wirkung zuerkannt, und unser Freund Mehmet war nun bereits seit mehr als vier Jahren in Österreich."

5

Helmut Winter holte tief Luft und schaute seine beiden Besucher an. Seinem Freund Dr. Kaiser, der den Fall ja kannte, war die Empörung deutlich anzusehen, die junge Polizistin starrte ihn ungläubig an und meinte: „Das brauche ich überhaupt keinem zu erzählen. Das glaubt mir kein Mensch. Da kommt irgendwelches Gesocks daher, führt sich in unserem Land auf aber schon wie, und ein österreichischer Rechtsanwalt sagt, das hat alles seine Ordnung, die werden wohl gegen das, was ihnen an der Türkei nicht passt, demonstrieren dürfen. Aber nicht etwa dort, in der Türkei, nein, denn dort ist das ja verboten: in Österreich! Hier darf man Steine und Sprengstoff schmeißen, Menschen gefährden, Menschen verletzen. Alles erlaubt."

Winter lächelte und sagte: „Das, liebe Kollegin, ist unser Arbeitsalltag hier im Bundesasylamt, das ist bei Gott kein Einzelfall. Ich fand es im ersten Moment fast ein bisschen gemein von meinem lieben Freund Dr. Kaiser, Sie gleich an Ihrem ersten Tag hier mit dieser Geschichte zu konfrontieren. Aber da Sie ab sofort bei Einvernahmen dabei sein und bald auch selbst Einvernahmen führen werden, ist es wahrscheinlich ganz gut so: Je besser Sie gewappnet sind, desto weniger wird Sie überraschen können."

Er stand auf und schloss das Wohnzimmerfenster. „Es sind noch immer Gelsen unterwegs, ich mache lieber zu, bevor sie uns auffressen", erklärte er. „Ich werde uns Mineralwasser holen."

Er ging in die Küche und kam mit einer Flasche Wasser, Saft und drei Gläsern zurück. Er goss seinen beiden Gästen und sich selbst Wasser ein und fuhr fort.

„Wir sind also stehen geblieben bei der Beschwerde, die der Herr Rechtsanwalt beim Verwaltungsgerichtshof eingebracht hat. Dieser ließ sich nun Zeit und behob den abweisenden Bescheid des Innenministeriums am 9. Oktober 1997 wiederum wegen Rechtswidrigkeit seines Inhaltes und zusätzlich wegen Verletzung von Verfahrensvorschriften.

Unterdessen stellte Rechtsanwalt Dr. Gerhard M. auch an die Sicherheitsdirektion für das Bundesland Salzburg einen Antrag, dass die Unzulässigkeit der Abschiebung oder Abweisung von Mehmet festgestellt werden möge. Dabei handelte es sich um ein vom Asylverfahren getrenntes Verfahren.

Unter anderem gab er an, dass sein Mandant Gewalt in keiner Weise gutheiße, sondern sich in der Vergangenheit nur deshalb politisch engagiert und artikuliert habe, weil er davon überzeugt sei, dass auch das kurdische Volk in der Türkei ein Recht auf Selbstbestimmung, politische und ethnische Rechte, Gleichberechtigung usw. habe. Mehmet habe in der Vergangenheit die kurdische Arbeiterpartei

PKK keinesfalls als terroristische Organisation angesehen. Er halte es nach wie vor für legitim, mit Protestaktionen, Hungerstreiks, durch politische Arbeit usw. auch im europäischen Westen und in Mitteleuropa auf die unerträgliche Situation der kurdischen Türken hinzuweisen. Nur durch derartige Formen des legalen politischen Widerstands könne nach Überzeugung von Mehmet das kurdische Volk die ihm zustehenden Rechte gegenüber der türkischen Militärdiktatur durchsetzen."

„Legaler politischer Widerstand, aha. Das ist mir neu", meinte Sandra Michaelis sarkastisch. „Die haben – eine Gruppe von dreizehn Türken – das Konsulat angegriffen, und nicht nur mit Steinen. Da ist ein Molotow-Cocktail geflogen, eine Frau ist verletzt worden, ein Polizist ebenfalls. Dass das neuerdings alles legal ist, hat *mir* bisher aber niemand gesagt."

Winter sagte nichts darauf, sondern nickte nur und setzte fort:
„Mit Bescheid der Fremdenpolizei der Bundespolizeidirektion Salzburg vom 28. Mai 1998, die für diese Angelegenheit zuständig war, wurde allerdings die Abschiebung von Mehmet M. in die Türkei beschlossen. Und jetzt", wandte sich Helmut Winter an seine junge Kollegin, „raten Sie."

Sandra schaute ihn groß an und sagte: „Nein, oder? Sie sagen mir jetzt nicht, der Rechtsanwalt hat wieder berufen? Doch?"

„Doch. Hat er. Dr. Gerhard M., der auf diese Art von Verfahren, wie bereits erwähnt, spezialisiert ist und die Anliegen seiner fragwürdigen Klienten auch mit einer unglaublichen Vehemenz vertritt, hat im Namen von Mehmet berufen. Und zwar umgehend und umfassend.

Die Sicherheitsdirektion für das Bundesland Salzburg hat diese Berufung allerdings abgewiesen, und zwar schon vier Wochen später, und somit der Fremdenpolizei den Rücken gestärkt. Wir sind bereits im Jahr 1998, wie Ihnen nicht entgangen sein wird, und was denken Sie jetzt?"

Sandra sagte: „Jetzt *muss* doch endlich einmal jemand gesagt haben, dass man den abschieben muss, sonst glaube ich an gar nichts mehr. Der Mann hat ein abgelehntes Asylverfahren und etliche Berufungen hinter sich, alles abgewiesen, abgelehnt. Er ist ein aggressiver Randalierer und als solcher amtsbekannt, die Fremdenpolizei sagt, es reicht, die Sicherheitsdirektion sagt, es reicht, außerdem *gibt* es keinen vernünftigen Grund, diesem Menschen in Österreich Asyl zu gewähren, gab es von allem Anfang an nicht."

„Siehst du", wandte sich nun Dr. Kaiser an Winter. „Deine Kollegin sagt auch, sonst glaubt sie an nichts mehr."
„Ich weiß, Roman, und ich widerspreche dir ja auch gar nicht, wenn du von Skandalen sprichst. Und Sie, Sandra, dürfen nicht glauben, dass Sie sich dieses Abendessen so leicht verdient haben. Ich verspreche Ihnen ein weiteres, irgendwann in nächster Zeit, ein richtig gemütliches. Aber heute: Das sind, bei Licht betrachtet, Ihre ersten Überstunden. Hier sind wir nämlich noch ganz lang nicht fertig. Und auch wenn Sie jetzt, wie Sie sagen, an gar nichts

mehr glauben: Der einsatzfreudige Rechtsanwalt hat sich tatsächlich wieder eingeschaltet, und zwar wieder mit einer Beschwerde an den Verwaltungsgerichtshof.

Der Verwaltungsgerichtshof hat Ende August den Beschluss gefasst, dass zunächst dem Antrag auf Bewilligung der Verfahrenshilfe stattzugeben sei. Mit einem weiteren Beschluss vom November hat er der Beschwerde die aufschiebende Wirkung zuerkannt, was bedeutet, dass Mehmet auch unter diesem Aspekt nicht außer Landes gebracht werden konnte.

Wir sind mittlerweile, ich darf es noch einmal sagen, im Jahr 1998.

Nun greife ich vor und berichte, dass im Mai 2001 – in Worten: zweitausendeins – der Bescheid der Sicherheitsdirektion für das Bundesland Salzburg wegen Rechtswidrigkeit des Inhaltes aufgehoben wurde. Daraufhin hat die Sicherheitsdirektion das Verfahren zur Feststellung der Zulässigkeit der Abschiebung unseres Freundes Mehmet, der Österreich bis dahin besonders viel Freude bereitet hat, wegen der parallelen Anhängigkeit eines Asylverfahrens vorläufig ausgesetzt, und zwar mit Bescheid vom Oktober 2001."

Winter trank sein Wasser aus und zündete sich eine Zigarette an.

„Sie sehen, wie lang sich so etwas hinziehen kann. Und ich betone noch einmal: Das ist kein Einzelfall.

Das Schlimme ist, dass sich unter dem Deckmantel eines Asylantrages eben auch unzählige Menschen Aufenthalt in Österreich erschleichen wollen, die in keiner Weise verfolgt oder bedroht sind. Sie wollen einfach nicht in ihren Heimatländern bleiben. Und *weil* es eben keine Asylgründe gibt und sie das auch wissen – Sie werden es in nächster Zeit selbst erleben –, lügen sie uns von Anfang an den Buckel voll. Sie kommen ohne Papiere daher, weil sie sie einfach weggeworfen haben, damit uns die Suche nach ihrer wahren Identität erschwert wird, und dann, wie in diesem Fall, legen sie gegen eine Ablehnung ihres Asylantrages sofort Berufung ein, und wir müssen uns mit ihnen beschäftigen, ob es uns gefällt oder nicht.

Natürlich, das leuchtet jedem von uns ein, müssen sie von etwas leben. Aber sie gehen nach einem ablehnenden Bescheid nicht etwa in ihre Heimat zurück, nein: Sie berufen dagegen, bleiben hier und zögern keinen Moment, jede Menge Delikte zu begehen. Sie stehlen wie die Raben, brechen ein, raufen und randalieren, sie bedrohen Menschen mit dem Umbringen, und wir kennen leider auch viele Fälle von Vergewaltigung. Dazu kommt, dass sie bei Festnahmen üblicherweise kotzfrech sind, weil sie genau wissen, dass wir sie nicht zurückschicken können."

Sandra fragte: „Und wie ging es weiter, von 1998 bis zu diesem besagten Bescheid im Jahr 2001? Was hat er getan? Ist er aufgefallen, ist er straffällig geworden?"

Winter drückte seine Zigarette aus, griff wieder nach der Akte und sagte: „Von 1998 ist gut. Er ist von allem Anfang an aufgefallen, und zwar kein Mal positiv, und damit meine ich jetzt nicht diese Demonstration vor dem Konsulat, kaum dass er den zweiten Fuß in Österreich hatte. Ich lese Ihnen sein Register hier vor:

Am 4. April 1993 wurde er dabei beobachtet, wie er ein Nachtlokal in der Salzburger Innenstadt verließ und offensichtlich betrunken seinen Pkw in Betrieb nahm. Die Polizei hielt ihn an, er wurde sofort renitent und pöbelte den Polizisten an, dass das typisch sei: immer auf die Ausländer. Der Alkotest ergab 1,1 Promille. Die Polizeibeamten nahmen ihm den Führerschein ab und machten ihn darauf aufmerksam, dass er den Wagen nicht mehr fahren dürfe. Das hat ihn allerdings weiters nicht irritiert: Bereits um 5 Uhr Früh wurde er ein weiteres Mal angehalten, und jetzt wurde ein noch höherer Alkoholgehalt festgestellt. Er wurde zweimal wegen Lenkens eines Pkw in alkoholisiertem Zustand angezeigt.

Keine zwei Wochen danach, am 16. April 1993 gegen 6 Uhr Früh, fuhr auf dem Überholstreifen der Autobahn A 21 eine Zivilstreife, die gerade im Begriff war, zwei Lkw-Züge zu überholen, als Mehmet mit einem VW Passat ganz knapp auf das Heck dieser Zivilstreife auffuhr und den Fahrer heftig anblinkte. Da sich die Beamten nicht davon beeindrucken ließen, scherte er rechts aus und zwängte sich zwischen den Zivilstreifenwagen und die zu überholenden Lkw wieder von rechts herein, sodass er selbst ins Schleudern geriet und auch das Zivilstreifenfahrzeug, weil dessen Fahrer unvermittelt bremsen musste. Nun beschleunigte Mehmet auf etwa 180 km/h, und die Zivilstreife brach die Verfolgung sicherheitshalber ab. Auf der

Südost-Tangente bei Wien konnte er schließlich wieder eingeholt werden, auch hier wechselte er ständig die Fahrbahnen von links nach rechts und wieder zurück. Erst auf der Erdberger Lände konnte die Zivilstreife ihn endlich anhalten. Natürlich war er ohne Führerschein unterwegs, der war ihm ja erst vor knapp zwei Wochen abgenommen worden. Er wurde wegen Verkehrsrowdytums angezeigt, keine zwei Wochen nach der betrunkenen Fahrerei in der Salzburger Innenstadt, wie gesagt.

Am 31. Mai 1993 kam ein türkischer Staatsangehöriger in Salzburg blutverschmiert und humpelnd in das Wachzimmer Bahnhof und erstattete Anzeige gegen Mehmet. Die Ermittlungen ergaben, dass es zwischen den beiden in einem Türkenlokal in Salzburg zu einer Schlägerei gekommen war. Beide waren verletzt worden und mussten im Unfallkrankenhaus Salzburg versorgt werden. Im Lokal hatten sie einen Sachschaden von rund 6.500 Schilling, also heute ca. 475 Euro, angerichtet. Sie wurden beide wegen Körperverletzung und Sachbeschädigung angezeigt.

Mit Bescheid vom 14. Juni 1993 wurde Mehmet der Führerschein für eine Dauer von 12 Monaten endgültig entzogen.

Am Abend des 26. August 1993 randalierte er auf dem Salzburger Südtiroler Platz, sodass Passanten die Polizei riefen. Er war wieder alkoholisiert. Da er sich von den zwei einschreitenden Beamten nicht beruhigen ließ, forderten die Polizisten Verstärkung an.

Mehmet schrie und tobte weiter, wurde festgenommen und im Handarrest des Wachzimmers Bahnhof vorläufig verwahrt. Die Betonung liegt auf ‚vorläufig‘: Dort trat er nämlich so lange gegen die Tür, bis diese schwer beschädigt aufsprang. Nun brachten ihn die Kollegen ins Polizeigefangenenhaus der Bundespolizeidirektion Salzburg, und er wurde wieder einmal wegen Sachbeschädigung angezeigt.

Am 23. Mai 1994 wurde Mehmet von der Polizei angehalten, weil er bei einer 30-km/h-Beschränkung mit 70 km/h unterwegs war. Es stellte sich heraus, dass er – wieder einmal – betrunken war. Dass er keinen Führerschein hatte, war klar: Der war ihm ja mit Bescheid entzogen worden.

Die Bezirkshauptmannschaft Salzburg-Umgebung verlängerte daraufhin den Entzug der Lenkberechtigung um weitere drei Monate und ordnete für Mehmet eine Nachschulung an.
Obwohl vom Kuratorium für Verkehrssicherheit für diese Nachschulung ein Termin festgesetzt und sogar ein Dolmetscher bereitgestellt war, kam Mehmet dieser Aufforderung nicht nach.
Fällt Ihnen auf“, wandte Winter sich an Sandra, „mit welchen Kosten das alles verbunden ist? Und das alles für einen Mann, dessen Asylantrag abgelehnt wurde, der sich nur deshalb in Österreich aufhalten kann, weil ständig irgendwelche Verfahren noch laufen, weil er einen Rechtsanwalt hat, der immer wieder Berufungen und Beschwerden einbringt.

Aber weiter mit der wenig ruhmreichen Chronik: Mehmet tauchte also zu dieser Nachschulung nicht nur nicht auf, er lenkte, wie Sie gleich hören werden, ohne Führerschein auch unverdrossen weiter einen Pkw und verursachte sogar einen Verkehrsunfall.

Am 12. Juni 1994 um 21 Uhr erstattete ein türkischer Staatsbürger gegen Mehmet Anzeige und gab Folgendes an, ich lese Ihnen die Niederschrift vor:

Ich betrat am frühen Nachmittag das türkische Lokal in der St.-Julien-Straße und hielt mich dort bis ca. 20.30 Uhr auf. Ich unterhielt mich mit einigen Landsleuten. Als ich mit Abbas G. ins Gespräch kam, fasste mich Mehmet M. mit der einen Hand plötzlich am Hemdkragen, mit der anderen schlug er mir mehrmals ins Gesicht.

Ich habe mit Mehmet M. schon vor ca. 10 Monaten ein Problem gehabt. Damals kam er zu mir in das Hotel in Fuschl am See, wo ich arbeitete. Mit ihm waren drei weitere Männer. Sie sagten, ich solle mit ihnen nach Salzburg fahren. Ich bin dann auch mitgefahren. Dort haben sie mir erklärt, dass Mehmet M. einen Verkehrsunfall verursacht habe. Ich solle bei der Polizei aussagen, dass ich an dem Verkehrsunfall beteiligt war. Für den Fall, dass ich einen Erlagschein bekommen sollte, würde er das für mich bezahlen.

Sie zwangen mich, den Unfall auf mich zu nehmen. Sie drohten mir, dass ich ein toter Mann sei, wenn ich nicht ja sage.

Wir sind dann in Salzburg zur Polizei gefahren, wo ich angab, den Unfall verursacht zu haben. Meine Daten wurden aufgenommen, und tatsächlich bekam ich eine Strafe von 6.000 Schilling. Als ich mit dem Erlagschein zu Mehmet M. ging, sagte er, er denke nicht daran, die Strafe zu bezahlen, den Unfall hätte ich verursacht.

Ich habe mich mit ein paar Freunden beraten, aber sie konnten mir nicht helfen. Sie sagten nur, dass ich da einen Blödsinn gemacht hätte.

Ich vermute, dass Mehmet M. erfahren hat, dass ich mit meinen Freunden über diese Sache gesprochen habe. Eine andere Erklärung habe ich nicht dafür, dass er mich heute geschlagen hat.

Mehmet hat bei der folgenden Einvernahme durch die Polizei alles bestritten. Er wurde wegen Körperverletzung und schwerer Nötigung angezeigt.

Am 8. April 1995 um 3 Uhr Früh musste die Polizei an der Wohnadresse von Mehmet einschreiten, weil er die Wohnungstür seines Nachbarn eingeschlagen hatte, was ihm eine Anzeige wegen Sachbeschädigung eintrug.

Schon in der nächsten Nacht, ebenfalls gegen 3 Uhr, wurde die Polizei wieder gerufen, weil in Mehmets Sozialwohnung eine Prügelei im Gange war. Als die Polizei eintraf, waren die Mitbeteiligten bereits geflüchtet. Mehmet, der wieder einmal schwerstens angetrunken war, gab an, dass er mit ein paar Landsleuten in Streit geraten war.

Das Bezirksgericht Salzburg hat ihn dann wegen Sachbeschädigung verurteilt, weil er das gesamte Inventar, das dem Vermieter gehörte, kurz und klein geschlagen hatte. Aufgelistet waren: ein Doppelbett, ein Kleiderschrank, ein Waschbecken, eine Fensterscheibe, ein Lampenschirm, eine Türverkleidung, ein Fenstergriff und – das hört sich fast komisch an – ein Besen.

Die Richterin des Bezirksgerichtes Salzburg verurteilte ihn zu einer Geldstrafe von 90 Tagessätzen zu je 30 Schilling, also insgesamt 2.700 Schilling, für den Fall der Uneinbringlichkeit zu einer Ersatzarreststrafe von 45 Tagen.

Diese Haftstrafe hat Mehmet – um den Ereignissen vorzugreifen – am 23. Jänner 1997 in der Justizanstalt Salzburg angetreten."

6

Helmut Winter unterbrach seine Ausführungen wieder und fragte: „Geht's noch? Oder soll ich aufhören?"

Kaiser antwortete gar nicht, sondern schaute nur auf Sandra, die sagte: „Es ist dermaßen unglaublich, dass ich ständig denke, das *kann* gar nicht wahr sein. Aber natürlich will ich die ganze Geschichte hören, lesen Sie ruhig weiter vor."

Winter schenkte sich noch ein Glas Wasser ein, zündete sich eine weitere Zigarette an und sagte zu Dr. Kaiser: „Irgendwann komme ich für eine Woche zu dir nach Grado. Ohne Zigaretten."

Er blätterte um und berichtete weiter.

„Der Krawall in der Wohnung war also im April, aber wir haben ganz bald wieder von Mehmet gehört, genauer gesagt: bereits zwei Monate später.

Am 7. Juni 1995 übersprang er während einer kurzen Unachtsamkeit des Wachtpostens den Gartenzaun des türkischen Generalkonsulates in Salzburg und schlug mit Pflastersteinen zwei Fensterscheiben im Tiefparterre des Konsulatsgebäudes ein. Außerdem beschädigte er zwei

Fensterrahmen im Hochparterre und die Hausmauer. Der Wachtposten nahm ihn schließlich fest.

Als eine Niederschrift aufgenommen wurde, erklärte Mehmet, das Motiv für diese Aktion sei sein Hass auf die türkische Regierung gewesen.

Er wurde wegen versuchten schweren Hausfriedensbruchs und wegen Sachbeschädigung angezeigt.

In der Hauptverhandlung eine Woche später verurteilte ihn das Landesgericht Salzburg zu einer Freiheitsstrafe von sechs Monaten. Diese Strafe wurde allerdings unter Festsetzung einer Probezeit von drei Jahren bedingt nachgesehen."

Winter zog ein letztes Mal an seiner halb gerauchten Zigarette, drückte sie aus und sagte:

„Ich denke, wir sind uns mittlerweile einig, dass dieser Asylwerber nicht unbedingt als Glücksgriff für unser Land bezeichnet werden sollte. Und er kümmert sich auch gar nicht um solche Kleinigkeiten wie Verurteilungen, bedingte Strafen oder dergleichen – der macht unerschüttert weiter, hört euch das an.

Bereits am 15. August 1995, also wieder nur zwei Monate nach seiner weiteren, diesmal im Alleingang durchgeführten Attacke auf das Konsulat, betrat er gegen 20 Uhr das Lokal eines türkischen Vereines in Salzburg und hielt sich dort bis nach Mitternacht auf. Als er nur noch mit einem türkischen Landsmann, Hüseyin G., allein dort war, verlangte er von diesem 1.000 Schilling. Er unterstrich diese Forderung damit, dass er der kurdischen Arbeiterpartei PKK angehöre, und kündigte an, dass er Hüseyin G., falls der sich weigere, ihm das Geld zu geben, die Kehle durchschneiden werde.

Hüseyin G. versuchte die Polizei zu rufen, aber Mehmet hielt ihn am Arm fest. Irgendwie gelang es Hüseyin G. dann doch, wenigstens den Vereinsobmann zu verständigen, der kurz darauf im Lokal auftauchte. Nicht einmal gemeinsam konnten sie Mehmet jedoch dazu bringen, das Lokal friedlich zu verlassen: Er fing eine Rauferei an, zog Hüseyin G. die Kellnerbrieftasche aus dem Hosenbund und flüchtete in Richtung Bahnhof. Hüseyin G. verfolgte ihn, wurde aber von Mehmet neuerlich bedroht, sodass er ins Lokal zurückkehrte.

Nun nahm Hüseyin G. gemeinsam mit dem Vereinsobmann die Verfolgung wieder auf, Mehmet hatte aber inzwischen auf dem Bahnhof ein Taxi bestiegen. Der Vereinsobmann hielt das Taxi an, allerdings kam es wieder zu einem Handgemenge, mittlerweile zwischen allen drei Männern, bis endlich die Polizei eintraf, die Mehmet überwältigte. Bei der Personendurchsuchung wurde der Inhalt der Kellnerbrieftasche, fast 9.000 Schilling, sichergestellt.

Im Wachzimmer Bahnhof ging es munter weiter: Mehmet bedrohte sowohl Hüseyin G. als auch den Vereinsobmann, dass die PKK an ihnen Rache nehmen werde, dass ‚schlimme Dinge‘ passieren würden, sollten sie ihn weiterhin belasten. Er tobte und drohte ihnen an, er werde ihre Familien umbringen und die weiblichen Familienangehörigen vergewaltigen.

Die Polizei fand bei der Rekonstruierung seines Fluchtweges hinter einer Plakatwand dann auch noch die Kellnerbrieftasche mit dem restlichen Inhalt.

Mehmet wurde vorläufig in das Polizeigefangenenhaus eingeliefert und wegen Raubes, schwerer Nötigung und gefährlicher Drohung angezeigt, anschließend wurde er in die Untersuchungshaft zum Landesgericht überstellt.

In der Hauptverhandlung am 22. März 1996 wurde er durch das Landesgericht Salzburg wegen des Verbrechens der versuchten schweren Nötigung, des Vergehens der gefährlichen Drohung und wegen Diebstahls zu einer Freiheitsstrafe von 12 Monaten verurteilt. Neun Monate davon wurden unter Bestimmung einer Probezeit von drei Jahren bedingt nachgesehen."

Winter blickte wieder auf die junge Polizistin und meinte: „Ich frage Sie jetzt gar nicht mehr, wie Sie das alles finden. Für uns ist das Arbeitsalltag und erschütternd genug, für Sie ist es ein mittlerer Schock, wie ich sehe. Ich lese Ihnen einen Artikel vor, der im Februar 1996 in der Kronen Zeitung stand, der liegt hier ordentlich abgeheftet in der Akte."

Krimineller Ausländer mit 10.800 Schilling im Monat

6.000 Schilling monatlich für ein Bett, dazu noch einmal 4.800 Schilling für den Lebensunterhalt: An die 150 Tausender im Jahr zahlt der Staat an Unterstützung für einen mehrfach kriminellen Ausländer. Abgeschoben wird der 29-jährige Türke vermutlich nie, weil er auch schon das türkische Konsulat attackiert hat!

Mehmet M. ist bei der Exekutive schon ein alter Bekannter. Derzeit sitzt der 29-jährige Türke gerade eine Strafe im Polizeigefangenenhaus ab. Er wurde mehrfach beim Fahren ohne Führerschein erwischt und war außerdem dabei alkoholisiert.

Viel schwerer aber wiegen seine sonstigen Straftaten: Zweimal war er beteiligt bei Angriffen auf das türkische Konsulat, weiters werden ihm Widerstand gegen die Staatsgewalt, schwere Nötigung, gefährliche Drohungen, Hausfriedensbruch und Körperverletzung angelastet.

Das Sündenregister des Türken ist mehr als umfangreich. Er bekam auch schon ein Aufenthaltsverbot in Oberösterreich aufgebrummt. Abgeschoben wird Mehmet M. trotzdem nicht: Sein Anwalt legte dagegen eine Berufung und Beschwerde ein, der Verwaltungsgerichtshof genehmigte einen Aufschub.

Inzwischen lebt der Mann von der Sozialhilfe: 10.800 Schilling schießt der Staat Österreich monatlich zu. Damit deckt Mehmet M. die Kosten für sein Bett in Salzburg und den Lebensunterhalt.

Alle leiden unter dem Sparpaket. Aber bei kriminellen Ausländern ist das völlig wirkungslos. Die kassieren weiterhin, ärgern sich Beamte. Noch dazu wird Mehmet M.

wegen der Angriffe auf das Konsulat als politisch Verfolgter so gut wie sicher nicht abgeschoben.

Der bleibt uns!"

Aufgrund dieses Zeitungsartikels hat das Sozialamt des Magistrats Salzburg bekannt gegeben, dass Mehmet M. allein vom März 1995 bis zum Jänner 1996 den nicht unbeträchtlichen Betrag von 109.507 Schilling an Sozialhilfe bezogen hat."

Nun war es Sandra Michaelis, die sich eine weitere Zigarette anzündete und sagte: „Eine Sauerei ist das, ich kann es nicht anders bezeichnen. Wissen Sie, wie viele Leute ich kenne, die für einen ganzen Monat Arbeit so viel bekommen, wie dieser kriminelle Türke an Sozialhilfe kassiert? Wissen Sie, wie viel eine Kassierin im Supermarkt verdient? Und diesen Mann als politisch Verfolgten zu bezeichnen, weil er Steine aufs Konsulat geschmissen hat – auf diese Idee muss man erst einmal kommen. Ich weiß überhaupt nicht, was ich dazu sagen soll!"

Dr. Roman Kaiser hakte ein und sagte: „Ich hab's dir heute im Büro gesagt, Helmut: Schmeiß eine Fensterscheibe ein, und schon bist du Asylant und in Österreich wunderbar versorgt."

Winter seufzte und sagte: „Ihr habt ja Recht, beide. Ich sag' gar nichts dazu, ich werde einfach bei den Fakten bleiben und weiter aus dieser dicken Akte hier berichten. Wollt ihr etwas anderes zu trinken oder noch Kaffee?"

Sandra lehnte dankend ab, und auch Dr. Kaiser meinte, sein Blutdruck sei sowieso schon in die Höhe geschnellt.

Winter erzählte weiter.

„Im März 1996 war Mehmet also wegen der Geschichte mit seinem türkischen Landsmann, den er mit dem Umbringen bedroht und bestohlen hatte, verurteilt worden, wie wir gerade gehört haben.

Bereits Anfang Mai 1996 wurde die Polizei zum Krankenhaus in St. Pölten gerufen, weil Mehmet sich mit dem Taxi zur Ambulanz hatte fahren lassen, den Fahrpreis aber nicht bezahlen wollte. Er war – bald sage ich's nicht mehr dazu, es ist fast der Normalzustand – wieder einmal alkoholisiert und hatte an der linken Stirnseite eine leichte Schürfwunde.
Den Polizeibeamten gegenüber gab er an, dass er gestürzt sei. Was den Fahrpreis angehe: Er habe kein Geld bei sich, wolle ihn aber am nächsten Tag bezahlen.
Um das Geld für das Taxi hat er sich erwartungsgemäß aber nie mehr gekümmert und wurde daher wegen Betruges angezeigt.

Aufgrund der bisher vorliegenden Tatbestände hat die Fremdenpolizei der Bundespolizeidirektion Salzburg am 20. Juni 1996 ein unbefristetes Aufenthaltsverbot erlassen. – Sagen Sie jetzt nicht ‚Endlich!‘, Sandra, Sie schauen schon so entschlossen.“

Sandra Michaelis schüttelte den Kopf und sagte: „Ich schaue nicht entschlossen, ich schaue empört. Ich höre

Ihnen sehr genau zu, und ich habe mir gemerkt, dass Sie bereits auf das Jahr 2001 vorgegriffen haben – aber ich *fasse* das alles nicht!"

Winter nickte anerkennend und sagte: „Sie hören sehr gut zu, Sie merken sich die Dinge auch gut. Jetzt geht es weiter, jetzt nämlich, wie könnte es auch anders sein, betritt wieder der Herr Rechtsanwalt die Bühne.

Dr. Gerhard M. berief für seinen Mandanten Mehmet in aller Ausführlichkeit. Die Sicherheitsdirektion für das Bundesland Salzburg wies jedoch die Berufung ab, das war am 26. Mai 1997 – also schon wieder fast ein Jahr später, ich muss schon wieder vorgreifen – und bestätigte das unbefristete Aufenthaltsverbot."

„Doch", sagte Roman Kaiser, „entschuldige, Helmut. Stichwort Kaffee. Jetzt brauche doch *ich* eine Pause. Ich kenne den Fall, Sandra, verzeihen Sie, dass ich so einfach unterbreche, aber mich packt dermaßen die Wut, wenn ich das so an einem Stück höre. Jetzt fordere ich das Dessert ein, mein lieber Freund. Du hast uns eins versprochen, und du wirst uns hier nicht mit diesen Informationen füttern, anschließend in die Nacht entlassen und die Köstlichkeit, die in deinem Kühlschrank steht, allein verputzen."

Zu Sandra sagte er: „Sie bleiben hier sitzen und rauchen in Ruhe eine Zigarette. Oder schauen Sie hinaus auf die Terrasse, man hat einen wundervollen Ausblick von hier. Wir beide holen Teller und Besteck."

Sandra Michaelis nickte dankbar, sie war unübersehbar benommen von dem, was sie bisher gehört hatte. Es war ihr anzusehen, dass sie mit dermaßen unvorstellbaren Dingen nicht gerechnet hatte, als Dr. Kaiser vom „Fall Mehmet" gesprochen hatte. Sie stand auf und streckte sich, ging ins Badezimmer, und als sie zurück war, nahm sie sich eine Zigarette und ihren Saft und trat hinaus auf die Terrasse. Die beiden Männer waren in der Küche verschwunden.

Sie kamen mit Tellern, Kuchengabeln, Weingläsern und einer Platte zurück, auf der ein Dessert so schön und appetitlich platziert war, wie man es sonst nur in wirklich guten Restaurants serviert bekam.

„Semifreddo ai frutti di bosco", kündigte Helmut Winter an, „Halbgefrorenes mit Waldbeeren. Natürlich auch eines der streng geheim gehaltenen Rezepte von Franco, hab' ich ihm abgeschwatzt. Dafür, dass ich euch ein relativ einfaches Hauptgericht aufgetischt habe, kriegt ihr jetzt ein ganz besonderes Dessert. Lasst es euch schmecken."

Sie kosteten, und Dr. Kaiser meinte: „Ach du liebe Zeit, ist das herrlich! Du wirst uns vermutlich nicht verraten, wie du das gemacht hast, oder? Das schmeckt nämlich nicht nur sündhaft gut, das schaut auch nach schrecklich viel Arbeit aus. Das ist das beste Dessert, das ich je gegessen habe."

Winter lachte und antwortete: „Das sagst du immer, Roman. Das bekommt allerdings wirklich nicht jeder, den ich zum Essen einlade, es ist tatsächlich ein Riesenaufwand. Alle Details verrate ich nicht, aber so viel: Zuerst musst du eine Biskuittorte backen und abkühlen lassen. Dann kochst du Waldbeeren – am besten je zur Hälfte Schwarz- und Preiselbeeren – mit Zucker weich und gibst Gelatine dazu, zum Schluss ziehst du geschlagenes Schlagobers darunter, und zwar viel, sehr viel. Das Ding ist eine Kalorienbombe.

Die Biskuittorte schneidest du quer in zwei Hälften, von der du für dieses Dessert aber nur eine brauchst. Diese Tortenhälfte wird mit Vanillelikör getränkt. In die Tortenform, in der das Biskuit gebacken wurde, gibst du jetzt die Hälfte der Beerenmischung, darauf die likörgetränkte Tortenhälfte und darüber die restlichen Beeren. Dann wird die Tortenform mit Alufolie zugedeckt und das Dessert für etwa drei Stunden in den Gefrierschrank gestellt. Jetzt kannst du es aus der Form nehmen, nach etwa 10 Minuten in Portionen schneiden und mit Schlagobers garniert servieren. Ich muss total verrückt geworden sein, meine schönsten Küchengeheimnisse vor dir auszubreiten. Iss und frag mich kein Mal mehr, ich verkaufe ja hier meine Kochseele an dich. Zum Wohl!"

Zum Dessert hatte Winter einen gut gekühlten Recioto di Soave serviert, und seine beiden Gäste waren ihm dankbar für die Unterbrechung und seinen amüsanten kurzen Ausflug ins Kulinarische, der von dem, was sie bisher gehört hatten, ein wenig ablenkte.

7

Nachdem sie das herrliche Halbgefrorene mit den aroma-
tischen Waldbeeren wirklich genossen hatten, sagte Dr.
Kaiser fast verträumt: „So. Jetzt habe ich mich definitiv
überfressen, pardon. Das *war* vielleicht gut! Jetzt ein schö-
ner starker Kaffee und dann ein gemütlicher Spaziergang
nach Hause an diesem lauen Abend, das wär's. Aber keine
Angst, Helmut, ich habe das – wie hast du heute in deinem
Büro gesagt – angezettelt, und jetzt wird es durchgestan-
den. Wir werden uns diese Geschichte schön bis zum
Schluss erzählen lassen, nicht wahr?", wandte er sich an
Sandra, die zustimmte.

Winter ging in die Küche, machte noch einmal Kaffee
für alle, weil Kaiser gemeint hatte, es sei ohnehin schon
egal, eine Tasse mehr oder weniger, Blutdruck hin oder
her.
Diese junge Steirerin ist vif, dachte er, das ist mir bei dem
ersten Gespräch in Leoben schon aufgefallen. Die hört
ganz genau hin, und sie denkt mit. Und das Beste ist: Sie
merkt sich, obwohl diese Akte enorm umfangreich ist,
sogar die Daten. Die wird uns eine Hilfe sein, und sie ist
außerdem sehr freundlich und hat gute Manieren.

Er kam mit dem Kaffeetablett zurück ins Wohnzimmer,
setzte sich wieder und erzählte weiter.

„Wir waren stehen geblieben im Juni 1996 und beim unbefristeten Aufenthaltsverbot. Bis dahin war Mehmet trotz des erlassenen Aufenthaltsverbotes allerdings nach wie vor in Salzburg und auch nicht untätig.

Am Morgen des 17. November 1996 verließ der türkische Staatsangehörige Irfan I. das Vereinslokal in Salzburg-Gnigl und wollte nach Hause fahren. Er war gerade im Begriff, in sein Auto einzusteigen, als Mehmet, der ihm gefolgt war, ihn bedrängte, ihm 500 Schilling zu geben. Irfan I. gab ihm 200 Schilling.

Im Lokal waren noch der Inhaber, dessen Bruder und eine Aushilfskraft anwesend. Da sie Mehmet kannten und bereits vermuteten, dass er Irfan I. belästigen würde, gingen sie hinaus auf die Straße, wo sie sahen, dass Mehmet seinen Landsmann tatsächlich an der Jacke gepackt hatte und gegen die Hauswand drückte. Er schlug ihm die zwei Hundertschillingscheine vor dem Mund hin und her und bedrohte ihn mit den Worten: ‚Ich bring dich um, ich schlag dir dein Hirn kaputt.'

Irfan I. zeigte den Vorfall an.

Bei der Einvernahme erklärte Mehmet dem Kriminalbeamten: ‚Mir kann sowieso nichts passieren. Ich bin ein politischer Flüchtling.'

Sehen Sie", wandte Winter sich an Sandra, „das habe ich gemeint, als ich gesagt habe, sie sind kotzfrech. Und ich spreche in der Mehrzahl, weil sich unzählige Asylwerber so benehmen. Sie fühlen sich unangreifbar, und unsere Gesetze geben ihnen Recht."

Sandra schüttelte fassungslos den Kopf und meinte: „Das ist nicht lustig. Das ist ganz und gar nicht lustig. Da klemmt's doch in der Gesetzgebung irgendwo ganz gewaltig, falls mich jemand fragt."

„Das tut es", erwiderte Winter. „Und der Jammer ist: Diese Leute wissen das. Hier geht's weiter, glauben Sie nur nicht, dass wir schon am Ende der Schandtaten sind, die Mehmet abgeliefert hat.

Knappe vier Wochen nach der Sache mit Irfan I., am 16. Dezember 1996, hielt Mehmet sich wieder einmal im Internationalen Arbeiterverein in Salzburg auf. Dort schlug er aus purem Mutwillen die Glasscheibe der Toilettentür ein. Diesmal wurde er mit 80 Tagessätzen zu je 30 Schilling, also 2.400 Schilling, verurteilt, im Nichteinbringungsfall: 40 Tage Ersatzarreststrafe.

Im Februar 1997 teilte der Sicherheitsdirektor der Bundespolizeidirektion Salzburg und der Bezirkshauptmannschaft mit, dass der Bundesminister für Inneres den Auftrag gegeben habe, jene Fälle von straffällig gewordenen Fremden mitzuteilen, die bereits gerichtlich verurteilt wurden, bei denen die Voraussetzungen für ein Aufenthaltsverbot gegeben seien, die aber trotzdem weiterhin strafbare Handlungen begingen und nicht abgeschoben werden könnten, weil ein schwebendes Verfahren anhängig sei.
Die Bundespolizeidirektion Salzburg gab Anfang März bekannt, dass es bedauerlicherweise eine Vielzahl derartiger Fälle gebe, und nannte unter anderen Fällen auch jenen von Mehmet.

Am 3. April 1997 nahmen deutsche Polizeibeamte Mehmet fest, weil er eine türkische Staatsangehörige in der Nähe des Grenzüberganges Walserberg über die grüne Grenze gebracht hatte – er betätigte sich also mittlerweile bereits auch als Schlepper. Er wurde in Deutschland angezeigt, aber vor seiner Verurteilung wieder nach Österreich rücküberstellt.

In der Niederschrift gab er an, dass er mit dieser türkischen Staatsbürgerin mit dem Bus vom Bahnhof in Salzburg zum Walserberg gefahren und dort mit ihr durch den Wald gegangen sei.

Die Polizei stellte jedoch fest, dass die Frau mit einem Ford Escort mit deutschem Kennzeichen an die Grenze herangebracht worden war und dass dieses Auto sie nach der Grenze auch wieder hätte aufnehmen sollen.

Mehmet bestritt dies genauso wie die Tatsache, dass die Frau einen falschen Namen angegeben hatte.

Die türkische Frau packte allerdings bei ihrer Einvernahme aus, gab ihren richtigen Namen bekannt und bestätigte auch, dass sie mit einem Schengen-Visum, ausgestellt von der österreichischen Botschaft in Ankara, nach Österreich eingereist sei. Von hier hätte sie nach Gelsenkirchen in Deutschland weitergebracht werden sollen. Den Schlepperlohn hätte nach geglücktem Unterfangen ihr Vater von Istanbul aus an den Lenker des besagten Ford Escort zahlen sollen.

Mehmet hatte hier die Funktion eines ortskundigen Fußschleppers über die grüne Grenze übernommen.

Durch die Aufmerksamkeit der deutschen Polizeibeamten war sein Vorhaben jedoch gescheitert.

Bereits zwei Monate nach diesem Vorfall machte Mehmet die Polizei wieder auf sich aufmerksam.
Am 9. Juni 1997 wurde er zusammen mit seinem Landsmann Atakan A. in Vorarlberg festgenommen. Sie standen im Verdacht, den türkischen Antiquitätenhändler Kekil K. in Vorarlberg mit Waffengewalt ausgeraubt zu haben.
Im Zuge des Verfahrens stellte sich jedoch heraus, dass es kein Überfall gewesen war, sondern dass Mehmet einen umsonst bezahlten Schlepperlohn, für seine eigene illegale Ausreise in die Schweiz, zurückfordern wollte.
Atakan A. hat seinen Wohnsitz in Oberösterreich und wurde nach seiner Entlassung aus der Untersuchungshaft von der Sicherheitsdirektion für das Land Oberösterreich noch einmal einvernommen. Er belastete Mehmet schwer.

Ich lese die Niederschrift hier wörtlich vor:

Mein Bekannter Mehmet M. wohnt schon seit vielen Jahren in Salzburg.

Ich war im April, am 11. oder am 12., genau weiß ich das nicht mehr, in Salzburg und habe dort Mehmet M. getroffen.

Er ersuchte mich, ihn nach Vorarlberg zu bringen, weil er weiter in die Schweiz wollte. Ich habe ihn gefragt, ob er das schon mit jemandem ausgemacht hat, dass er in die Schweiz gebracht wird. Er erwiderte, dass er das schon alles geregelt und 1.500 DM bezahlt habe. Er sei nämlich schon vor einer Woche bei Kekil K. in Vorarlberg gewesen.

Mehmet M. sagte mir weiters, dass er Kekil K. das Geld schon gegeben habe. Schon vor einer Woche, als er in Vorarlberg gewesen sei, sei Kekil K. nachts mit ihm an der Grenze spazieren gegangen. Kekil K. habe ihm aber gesagt, dass er ihn dieses Mal nicht über die Grenze bringen könne, weil zu viele Gendarmen und Polizisten unterwegs seien. Er sagte ihm, er solle nächste Woche wieder kommen. Mehmet M. ersuchte mich daher, ihn nach Vorarlberg zu Kekil K. zu bringen. Ich sagte zu.

Wir fuhren daraufhin in das Geschäft von Kekil K., da wir ja Adresse und Telefonnummer hatten. Dort haben wir Kekil K. auch angetroffen. Der sagte zu Mehmet M., dass er mich nicht kenne, und ich solle verschwinden. Ich sagte zu Kekil K., dass er von Mehmet M. schon 1.500 DM bekommen habe, und was jetzt los sei. Er sagte, wir sollen beide sofort verschwinden, sonst würde er die Polizei holen.

Wir sind dann zu einer Tankstelle nebenan gefahren, haben miteinander gesprochen, und ich habe zu Mehmet M. gesagt, wir sollten eine Anzeige machen. Mehmet M. sagte jedoch, dass Kekil K. öfters nach Salzburg komme; dort könne man mit ihm sprechen oder ihn anzeigen.

Mehmet M. sagte mir auch, dass Kekil K. öfters Menschen von Salzburg abhole und sie entweder in die

*Schweiz oder auch nach Holland schleppe. Ich selbst habe
das von Mehmet M. erfahren.*

*Nach meiner Festnahme und der anschließenden Frei-
lassung habe ich zu Mehmet M. gesagt, dass wir einen
Beweis brauchen, dass Kekil K. tatsächlich ein Schlepper
ist. Mehmet M. gab mir dann vier oder fünf Namen
bekannt, die ich an die Kriminalabteilung nach Vorarlberg gefaxt habe. Ich weiß diese Namen jetzt nicht mehr.
Mehmet M. müsste sie aber noch wissen, außerdem hat er
gesagt, dass er noch mehr Namen kennt.*

*Die vier Personen, die Kekil K. geschleppt hat, haben
Mehmet M. Adresse und Telefonnummer von Kekil K.
bekannt gegeben, damit er sie über ihn erreichen könne.
Diese vier Personen waren gute Bekannte von Mehmet M.
Die Adresse von Kekil K. hat er auch für den Fall behalten,
dass er selbst ins Ausland gehen wollte.*

*Mehmet M. hat gewusst, dass Kekil K. Schleppungen
durchführt. Da Mehmet M. in Österreich nur Schwierigkeiten hat, wollte er illegal in die Schweiz gelangen, und
hat sich deshalb an Kekil K. gewandt.
Ich selbst habe bis zu diesem Zeitpunkt nicht gewusst,
dass Kekil K. auch als Schlepper tätig ist. Mehmet M. hält
sich noch in Salzburg auf und müsste über diese Schlep-
pertätigkeit genauer Bescheid wissen.*

*So lautet die Niederschrift. Hier ist ein Auszug aus der
Einvernahme, die mit Mehmet zu dieser Angelegenheit
gemacht wurde, und zwar am 29. August 1997 vor einem*

Kriminalbeamten im landesgerichtlichen Gefangenen-haus in Salzburg:

Atakan A. ist ein Bekannter von mir. Er brachte mich mit seinem Auto nach Vorarlberg, weil ich kein Fahrzeug habe.

Ich wusste, dass Kekil K. für Geld Ausländer nach Deutschland und in die Schweiz schleppt. Er macht das schon seit einigen Jahren.

Wir kamen um ca. 13 Uhr an, es war der Tag, an dem wir festgenommen wurden.

Ich habe Kekil K. schon vor drei Monaten 1.500 DM für die Schleppung in die Schweiz gegeben. Am 9. Juni 1997 wollte ich dann, dass er mich in die Schweiz bringt. Er sagte, dass er von mir nichts wissen wolle und dass ich verschwinden solle.

Ich weiß, dass er mehrere Personen geschleppt hat. Er hat diese Personen immer mit einem Reisepass ausgestattet und ist dann mit ihnen über die Grenze gefahren."

8

Helmut Winter sagte zu Sandra Michaelis: „Sie sagen sofort, wenn es Ihnen zu viel wird, Sandra, ja? Ich bekomme langsam ein schlechtes Gewissen, dass ich Ihnen das alles an einem einzigen Abend zumute."

Sandra antwortete: „Das ist keine Zumutung, Herr Hofrat, und ich sage das jetzt nicht aus Höflichkeit. Eine Zumutung ist dieser Fall, das ist ja nicht zu glauben, was dieser Typ alles aufführt, und keiner kann ihn daran hindern! Wenn dieses dicke Papierpaket da nicht einen Aktendeckel hätte und so gespickt wäre mit Daten, würde ich meinen, Sie lesen mir einen Krimi vor – so viele Delikte in so kurzen Abständen passieren üblicherweise ja nur in Kriminalromanen, und zwar in schlechten."

Dr. Kaiser schaltete sich ein und gab Sandra wieder Recht. Er meinte: „Sie haben es genau auf den Punkt gebracht. Wenn mir irgendwo, auf dem Flughafen oder auf dem Bahnhof, ein Krimi in die Hände fällt, in dem im Abstand von zwei Monaten irgendwelche Raufereien, Morddrohungen, Diebstähle, Schleppertätigkeiten und noch vieles mehr ein und demselben Mann angelastet werden, lege ich das Buch spätestens nach Seite 30 weg und sage mir, ich habe ein Schundbuch gekauft."

Winter sagte: „Also berichte ich weiter, sonst wird aus Ihren Überstunden, die ich Ihnen schon angekündigt habe, eine Nachtschicht, und übertreiben wollen wir es dann doch nicht.

Am 8. Juli 1997 stellten die Abgeordneten zum Nationalrat Mag. Stadler und Kollegen an den Bundesminister für Inneres eine parlamentarische Anfrage, die ich hier ablese:

Der Kurde Mehmet M. ist im Jahre 1991 illegal nach Österreich eingereist. Über ihn wurde ein Aufenthaltsverbot verhängt, welches er bekämpfte. In der Folge wurde der Abschiebung aufschiebende Wirkung zuerkannt; das Verfahren ist seither immer noch beim Verwaltungsgerichtshof anhängig.

Mehmet M. verübte mehrere schwere Straftaten und war zweimal bei Angriffen auf das türkische Konsulat beteiligt.

Er wurde wegen mehrfacher Nötigung, gefährlicher Drohung, Hausfriedensbruchs, Sachbeschädigungen, Diebstahls und mehrfacher Körperverletzung zur Anzeige gebracht.

Zuletzt wurde er verdächtigt, in Vorarlberg einen bewaffneten Raubüberfall begangen zu haben.

Informationen der Abgeordneten zufolge lebte Mehmet M. bisher von der Sozialhilfe und erhielt pro Monat 4.800

Schilling für den Lebensunterhalt und 6.000 Schilling für ein Zimmer in Salzburg.

In diesem Zusammenhang stellen die unterfertigten Abgeordneten an den Bundesminister für Inneres folgende Anfrage."

Helmut Winter unterbrach seinen Bericht, um zu erklären:

„Wegen der leichteren Übersichtlichkeit sind die Antworten der Bundespolizeidirektion hier gleich auch angeführt. Es ist alles ein bissl Amtsdeutsch, aber das sind wir ohnehin alle gewöhnt. Also: Fragen der Abgeordneten an den Innenminister und die Antworten der Polizeidirektion:

1. Sind Sie über den Vorfall informiert? Entsprechen die oben geschilderten Angaben den Tatsachen?

Antwort: Es entspricht den Tatsachen, dass Mehmet M. am 11. März 1991 illegal in das Bundesgebiet eingereist ist. Der von ihm eingebrachte Asylantrag wurde in 2. Instanz abgewiesen, jedoch wurde der dagegen eingebrachten Beschwerde im Asylverfahren die aufschiebende Wirkung zuerkannt. Mehmet M. wurde mit Urteil des Bezirksgerichtes Salzburg vom 11.10.1993 wegen Sachbeschädigung und tätlichen Angriffs auf einen Beamten zu einer Geldstrafe und mit Urteil des Landesgerichtes Salzburg vom 14.7.1995 wegen versuchten Hausfriedensbruchs und wieder wegen Sachbeschädigung zu einer bedingten Freiheitsstrafe von sechs Monaten rechtskräftig verurteilt.

2. Ist es richtig, dass über Mehmet M. ein Aufenthaltsverbot verhängt wurde?

Antwort: Über Mehmet M. wurde mit Bescheid der Bundespolizeidirektion Salzburg vom 20.6.1996 ein unbefristetes Aufenthaltsverbot erlassen. Die dagegen eingebrachte Berufung wurde von der Sicherheitsdirektion für das Bundesland Salzburg mit Bescheid vom 26.5.1997 abgewiesen.

3. Ist es richtig, dass das Aufenthaltsverbot gegen Mehmet M. bisher nicht vollzogen wurde? Wenn ja, warum nicht und über welche Veranlassung?

Antwort: Aufgrund der Zuerkennung der aufschiebenden Wirkung im Asylverfahren war eine Abschiebung bis dato nicht möglich.

4. Für wie lange wurde das Aufenthaltsverbot aufgehoben?

Antwort: Es wurde kein Abschiebungsaufschub erteilt.

5. Ging Mehmet M. bisher einer Beschäftigung in Österreich nach? Wenn ja, welcher, für wie lange, und wie viel verdiente er?

Antwort: Kann von hier nicht beantwortet werden.

6. Wie ist es möglich, dass Mehmet M. trotz Aufenthaltsverbotes Sozialhilfe in der Höhe von 10.800 Schilling monatlich beziehen konnte?

Antwort: Kann von hier nicht beantwortet werden.

7. Wie können Sie es im Sinne der österreichischen Bevölkerung verantworten, dass ein krimineller Kurde sich in Österreich aufhält und auch noch 10.800 Schilling monatlich an Steuergeldern kassieren kann?

Antwort: Kann von hier nicht beantwortet werden.

8. Ist es richtig, dass Mehmet M. sich derzeit in Haft befindet und auch dort Sozialhilfe bezieht?

   a) Wenn ja, in welcher Haftanstalt ist er untergebracht, und in welcher Höhe bezieht er Sozialhilfe?
   b) Halten Sie es für vertretbar, dass Mehmet M. auch in der Haft Sozialhilfe bezieht?

Antwort: Kann von hier nicht beantwortet werden. Jedenfalls befindet sich Mehmet M. zurzeit nicht im Polizeigefangenenhaus Salzburg.

9. Wie wird weiter mit Mehmet M. verfahren?

Antwort: Das hängt vom Ausgang des Asylverfahrens ab.

10. Was hat Mehmet M. den österreichischen Staat bisher gekostet (aufgeschlüsselt nach Asylverfahren, Sozialhilfe usw.)?

Antwort: Kann von hier nicht beantwortet werden.

11.
a) Welcher Nationalität sind die beiden Zimmerkollegen von Mehmet M.?

b) Handelt es sich dabei ebenfalls um Asylwerber?

c) Aufgrund welchen Titels halten diese sich in Österreich auf?

d) Sind sie auch illegal nach Österreich eingereist?

e) Handelt es sich dabei um Kriminelle?

f) Beziehen auch sie Sozialhilfe, und wenn ja, in welcher Höhe?

Antwort: Kann von hier nicht beantwortet werden.

12. Gibt es Schätzungen oder Aufzeichnungen darüber, wie viele illegale und kriminelle Ausländer nachweislich vom österreichischen Steuerzahler erhalten werden und wie hoch die durchschnittlichen Kosten sind, die dabei dem österreichischen Staat entstehen?

Antwort: Kann von hier nicht beantwortet werden."

Helmut Winter blickte von der Akte auf, vergewisserte sich, dass seine beiden Gäste noch zu trinken hatte, und las weiter:

„Über Auftrag der Sicherheitsdirektion Salzburg erhielt die Fremdenpolizei der Bundespolizeidirektion Salzburg nun doch den Auftrag, die Fragen in dieser parlamentarischen Anfrage präziser zu beantworten.

Laut Bericht der Fremdenpolizei vom 12. August 1997 wurden zu dieser parlamentarischen Anfrage nun tiefer gehende Erhebungen eingeleitet.

So konnte in Erfahrung gebracht werden, dass Mehmet M. in Salzburg in einem Einzelzimmer wohnte. Er hielt sich dort aber selten auf. Laut einer vertraulichen Auskunft sei er öfters in St. Pölten.

Mehmet M. war noch nie einer Beschäftigung nachgegangen. Laut Auskunft des Arbeitsmarktservice hatte er einen einzigen Antrag auf eine Beschäftigungsbewilligung gestellt, hätte bei einem Unternehmen auch eine Anstellung als Gebäudereiniger erhalten, hat diese Arbeit aber nicht angenommen.

Die Bezirkshauptmannschaft Salzburg-Umgebung teilte mit, dass Mehmet M. vom Jänner 1992 bis zum März 1995 Sozialhilfe in der Höhe von 335.030 Schilling bezogen habe. Ab April 1994 wurde durch einen Ortswechsel das Sozialamt des Magistrates der Stadt Salzburg zuständig. Bis zum Anfragezeitpunkt im August 1997 hat Mehmet M. dort weitere 288.219 Schilling bezogen. Bei der Gebietskrankenkasse wurde für Mehmet M. noch nie eine Versicherungsleistung eingezahlt."

Helmut Winter unterbrach seinen Vortrag hier wieder und sagte: „Sie sehen also, endlich – nach vielen Jahren, darf man sagen – haben sich ein paar Politiker einmal gedacht, dass es *ganz* so vielleicht nicht gehen sollte in Österreich: ein Asylwerber, dessen Bescheid abgelehnt wurde, der enorme Summen an Sozialhilfe bezieht und nichts anderes tut, als in allerkürzesten Abständen alle möglichen Delikte zu begehen. Was dabei herausgekommen ist, werden wir auf der nächsten Seite lesen, aber zunächst geht es, wie könnte es anders sein, mit Mehmet weiter.

Am 2. August 1997 um zwei Uhr nachts wurde die Polizei in einen Dartclub in der Salzburger Wolf-Dietrich-Straße gerufen, weil Mehmet dort randalierte.

Beim Eintreffen der Polizei hatte er das Lokal jedoch bereits fluchtartig verlassen.

Die Kellnerin gab an, dass er sich an die Bar gesetzt, ein Bier bestellt und sämtliche Aschenbecher zusammengeschoben habe. Als sie ihm sagte, er solle das lassen, und ihn auf seine Schulden ansprach, die er im Lokal noch hatte, rastete er aus, warf zunächst einen Aschenbecher hinter die Bar, zertrümmerte drei Holzstühle, riss das Telefon aus der Anschlussbuchse und warf es mit voller Wucht auf den Boden.

Danach lief er aus dem Lokal in Richtung Linzer Gasse.

Aufgrund der eingeleiteten Fahndung konnte Mehmet in einem der nächsten Lokale, und zwar im Pokerclub, aufgefunden werden.

Bei seiner Einvernahme gab er den Polizeibeamten gegenüber wieder einmal an, dass ihm alles egal sei. Ihm könne sowieso nichts passieren, er habe schon ärgere Sachen gemacht.

Er wurde wegen Sachbeschädigung angezeigt.

Am 5. August 1997, also drei Tage nach diesem Vorfall, schrieb die Kronen Zeitung folgenden Artikel:

Krimineller bekam neue Aufenthaltsberechtigung

‚Wir setzen alles daran, um kriminelle Ausländer abzuschieben‘, versprach Innenminister Karl Schlögl.

In der Praxis ist davon noch wenig zu bemerken. Ein schwer krimineller 31-jähriger Kurde, der sich seit sechs Jahren gegen seine Abschiebung wehrt und von der Sozialhilfe lebt, bekam erst jüngst eine neue Aufenthaltsberechtigung.

Mehmet M. ist ein schwer krimineller, gefährlicher Typ. Oft bewaffnet. Ein Stammgast bei der Polizei. Das Strafregister des 31-jährigen Kurden ist ellenlang. Seit er vor sechs Jahren illegal nach Österreich kam und um Asyl ansuchte, hatte er dauernd mit der Exekutive zu tun.

Es ging um schwere Nötigung, schwere Körperverletzung. Um den Verdacht eines bewaffneten Raubüberfalls, um schwere Sachbeschädigung, gefährliche Drohung und Hausfriedensbruch. Um Widerstand gegen die Staatsgewalt, um Autofahren ohne Führerschein im Rauschzustand. Die Geldstrafen verfielen zum Teil, weil er untertauchte.

Trotzdem kassierte er laufend Sozialhilfe, sogar während der Untersuchungshaft. Bis zu 10.800 Schilling pro Monat für ein Quartier in einem Salzburger Chinarestaurant und für den Lebensunterhalt. Fast eine Million Schilling kassierte er bisher von der öffentlichen Hand.

Zuletzt randalierte er in der Nacht auf Samstag. Der schwer betrunkene Mehmet M. rastete aus, als er auf seine Schulden angesprochen wurde. Daraufhin warf er einen Aschenbecher hinter die Bar und zertrümmerte Holzsessel, riss das Telefon aus der Wand und schleuderte es zu

Boden. Dann flüchtete er in einen anderen Klub. Dort wurde er schließlich von der Polizei gefasst und angezeigt.

‚Er hat herumgeschrien, dass ihm sowieso nichts passieren kann‘, berichteten Gäste des Lokals, ‚und hat damit geprahlt, dass er gerade eine neue Aufenthaltsgenehmigung bekommen hat.‘

‚Das ist die absolute Höhe‘, ärgert sich FP-Landesrat Karl Schnell. ‚Der Innenminister hat groß versprochen, dass kriminelle Ausländer abgeschoben werden. Und Mehmet M., der ein Musterbeispiel für einen kriminellen Asylwerber ist, bekam stattdessen vor wenigen Tagen die neue Verlängerung für seine Aufenthaltsberechtigung!‘"

Helmut Winter blickte zu Sandra Michaelis und meinte: „Das also ist herausgekommen, sehen Sie. Ich schlage vor", er schaute auf seinen Freund Roman Kaiser, „wir gehen für ein paar Minuten auf die Terrasse und schnappen ein bisschen frische Luft. Sonst schlafen uns hier noch die Füße ein."

9

Von der großen Terrasse, die zu Winters Penthouse gehörte, hatte man wirklich einen atemberaubend schönen Blick über die Stadt.

Mittlerweile war es längst dunkel geworden, im Gastgarten von Antonio unterhielten sich halblaut die Gäste, die den warmen Abend nützten, um noch im Freien zu essen.

Helmut Winter bot seiner jungen Kollegin eine Zigarette an, gab ihr Feuer, und sie sagte: „Mir ist ganz schwummerig von Ihrem Bericht, es ist unvorstellbar, dass in unserem Land so etwas möglich ist. Sie arbeiten seit sechs Jahren an diesem Wahnsinn, Herr Hofrat. Haben Sie noch nie daran gedacht, ein Buch zu schreiben?"

„Siehst du, Helmut!", fuhr Roman Kaiser dazwischen, an Winter gewandt. „Sandra ist die Nächste, die dich das fragt! Du kennst die Fakten, du weißt, was sich tagtäglich abspielt – was in Österreich *wirklich* aufgedeckt werden müsste, das schreibt, wie Sandra sagen würde, kein Mensch!"

Winter sagte: „Was glaubt ihr, wie viele meiner Kollegen jeden Tag einmal sagen, dass sie *eigentlich* ein Buch schreiben sollten. Aber wer macht das denn letztlich schon? Wer kann das denn? Und woher sollen wir denn die Zeit nehmen?"

„Die Zeit ist ein Argument", sagte Roman Kaiser, „aber vom Können reden wir nicht, Helmut. Natürlich kannst du das. Du müsstest dich nur einmal dazu entschließen."

Winter warf seine angerauchte Zigarette in den großen Aschenbecher, der auf der Terrasse stand, und sagte: „Jetzt nicht. Lass uns jetzt nicht über ein Buch reden. Ich werde ein paar Gelsenlichter holen, damit die Viecher hier ihren Spaß haben, dann können wir das Fenster im Wohnzimmer vielleicht noch ein bisschen aufmachen."

Er verschwand in der Küche, und Sandra Michaelis sagte zu Kaiser: „Da habe ich wohl etwas Falsches gesagt?" Kaiser entgegnete: „Überhaupt nichts Falsches, er hört es nur zu oft und aus allen möglichen Ecken. Ich habe ihn erst heute in seinem Büro darauf angeredet, zum x-ten Mal, und ich weiß, dass auch viele seiner Kollegen ihn für den geeigneten Mann halten, endlich einmal einer breiteren Öffentlichkeit Einblick in diese ganze Misere zu verschaffen. Wenn mehr Menschen davon wüssten, wie es im österreichischen Asylwesen zugeht, könnte vielleicht endlich eine Gesetzesänderung herbeigeführt werden, darum geht es."

Winter kam mit einigen Gelsenlichtern zurück, zündete sie an, stellte sie über die Terrasse verteilt auf und meinte: „Weiter geht's, Kollegen. Wenn ihr den Rest noch hören wollt."

Sie gingen zurück ins Wohnzimmer, er nahm wieder die Akte zur Hand und sagte:
„Wir waren also bei Mehmets jüngstem Auftritt in diesem Dartclub Anfang August 1997, wo er alles Mögliche zertrümmert hat.

Genau drei Wochen später, am 23. August, wurde schon wieder die Polizei in einen Billard- und Dartclub gerufen, weil Mehmet randalierte. Folgendes war passiert:

Die Prostituierte Manuela M. betrat das Lokal und bestellte ein Getränk. An der Theke stand Mehmet und trank ein Bier. Manuela M. war noch keine zwei Minuten im Lokal, da versetzte Mehmet ihr, völlig grundlos, einen Faustschlag ins Gesicht. Dann warf er sein Bierglas auf einen Gläserschrank hinter der Theke, wobei an die zwanzig Gläser zu Bruch gingen. Eine Obstschüssel, die auf der Theke stand, warf er mit Schwung zu Boden.

Die Prostituierte schrie ihn an, daraufhin schlug er sie noch einmal mit der Faust, diesmal auf die Stirn.

Der Pächter des Lokals, ein türkischer Staatsangehöriger, forderte Mehmet auf, das Lokal zu verlassen. Mehmet dachte allerdings gar nicht daran, sondern packte den Pächter am Hemd und riss es ihm vom Körper. Der Wirt sah nun wirklich keinen anderen Ausweg mehr, als die Polizei zu rufen.

Mehmet ließ sich aber von den zwei eintreffenden Polizisten nicht beruhigen. Er wollte mit einer Bierflasche auf den Pächter losgehen und beschimpfte ihn heftig.

Die Polizisten forderten Verstärkung an, Mehmet wurde festgenommen.

Mit Mühe und Not gelang es, ihm Handfesseln anzulegen. Mehmet bedrohte weiterhin den Lokalpächter und brüllte ihn an: „Du wirst tot sein. Ich bin Kurde, ich töte dich."

Die Polizisten brachten ihn schließlich in das Polizeigefangenenhaus, er wurde wieder einmal wegen Sachbeschädigung, Körperverletzung, gefährlicher Drohung und Widerstandes gegen die Staatsgewalt angezeigt. Wegen Wiederholungs- und Tatbegehungsgefahr beantragte die diensthabende Staatsanwältin Untersuchungshaft.

In der Hauptverhandlung – um das vorwegzunehmen – wurde Mehmet wegen dieser Delikte vom Landesgericht Salzburg zu einer Freiheitsstrafe von neun Monaten und zum Ersatz der Kosten des Strafverfahrens verurteilt."

Helmut Winter trank einen Schluck Wasser, und Sandra Michaelis sagte trocken: „Der hat berufen. Ganz klar."
Winter schaute sie an und sagte: „Ganz klar. Sie haben nicht lange gebraucht, um die Mechanismen zu erkennen. Er *hat* berufen, und der Berufung wurde teilweise stattgegeben. Von der verhängten Freiheitsstrafe wurden sechs Monate unter Setzung einer Probezeit von drei Jahren bedingt nachgesehen."

Sandra unterbrach noch einmal und sagte, noch einmal ganz trocken: „Um diese Probezeit hat er sich, wie ich vermute, nicht viel gepfiffen, entschuldigen Sie meine Ausdrucksweise. Aber Sie haben es vorher selbst gesagt: Um solche Kleinigkeiten kümmert der sich nie …"

Winter stimmte ihr zu und sagte: „So ist es leider. Er hat wirklich unverdrossen weitergemacht mit seinen diversen Delikten – er sagt ja mittlerweile, dass ihm nichts passieren kann. Politischer Flüchtling. Diese Bezeichnung trägt er vor sich her wie einen Schutzschild, und so funktioniert's ja wohl auch prächtig, wie wir deutlich sehen.

Bereits am 1. Oktober 1997 wurde wieder einmal die Polizei gerufen, weil Mehmet um 8 Uhr morgens ein Lokal nicht verlassen wollte. Nur mit Hilfe der Beamten gelang es dem Wirt, ihn loszuwerden.

Am 23. März 1998 war der nächste Polizeieinsatz notwendig: Mehmet belästigte in einem Lokal mehrere Gäste und brüllte lauthals herum. Auch von den Polizisten ließ er sich nicht beruhigen und musste mit Handfesseln abgeführt werden. Er wurde wegen Lärmerregung und aggressiven Verhaltens angezeigt.

Schon zwei Wochen später, am 7. April, wurde um 3 Uhr morgens die Polizei in die Ignaz-Harrer-Straße geholt. Als die Beamten eintrafen, lag Mehmet auf dem Gehsteig. Er bewegte sich nicht und behauptete, schwer verletzt zu sein und furchtbare Bauchschmerzen zu haben.

Die Polizisten konnten eruieren, dass Mehmet beim Kebabstand in dieser Straße auf den türkischen Staatsangehörigen Soydan F. getroffen war, der am 15. April, also in einer Woche, vor Gericht gegen Mehmet aussagen sollte. Die beiden waren sofort in Streit geraten, Mehmet schnappte sich ein 40 cm langes Messer aus dem Kebabstand, bedrohte seinen Landsmann damit und schlug es ihm schließlich mit der Breitseite ins Gesicht.

Ein weiterer Türke, der dort anwesend war, wollte eingreifen, worauf Mehmet auch ihn mit dem Messer bedrohte.

Beide Türken liefen davon, Mehmet schleuderte ihnen das Messer nach, traf aber keinen der beiden. Nun kehrten sie zurück und fingen eine Rauferei an.

Als Mehmet die Polizei kommen sah, ließ er sich auf den Boden fallen und spielte den Schwerverletzten.

Im Unfallkrankenhaus wurde bei Soydan F. ein Bruch an der rechten Hand festgestellt, weiters Schwellungen und Hautabschürfungen im Gesicht. Der andere Türke hatte ein großes Hämatom ausgefasst, ebenfalls Schürfwunden und einen ausgehebelten Arm.

Mehmet wurde wegen schwerer Körperverletzung angezeigt."

„Der rauft lustig durch die Gegend, der tut überhaupt nichts anderes, als dauernd Leute zu verdreschen", meinte Sandra Michaelis. „Das ist ja unglaublich, was der sich alles leistet, ich kann mich nicht genug empören, ehrlich!"

Winter sagte: „Es kommt noch dicker, auch wenn man sich das schwer vorstellen kann. Er hätte jetzt nämlich eine Haftstrafe absitzen sollen, es gab einen Vorführungsbefehl des Landesgerichts vom 17. August 1998 über eine aushaftende Freiheitsstrafe von drei Monaten. Mehmet *konnte* aber nicht vorgeführt werden, weil er in Deutschland zu tun hatte, oder präziser ausgedrückt: Im Moment hatte er nichts zu tun, er saß nämlich dort im Gefängnis. In Bad Reichenhall."

„Warum?", fragte Sandra, „warum in Deutschland? Hat er sich zur Abwechslung wieder einmal als Schlepper betätigt?"

„Hat er", antwortete Winter, „gut kombiniert. Die deutschen Kollegen haben ihn erwischt, und zwar bei einer Kontrolle auf der Autobahn Richtung Frankfurt. Er saß mit vier weiteren türkischen Staatsangehörigen in diesem Wagen und wurde als der Mann erkannt, der von der Staatsanwaltschaft Traunstein wegen Schleppens von Ausländern zur Festnahme ausgeschrieben war. Als Asylwerber in Österreich hätte er überdies sowieso nicht nach Deutschland einreisen dürfen. Er wurde vom Amtsgericht in Laufen zu einer unbedingten Haftstrafe von sechs Monaten verurteilt."

„Aber", sagte Helmut Winter, „damit hier niemand auf die Idee kommt, dass Mehmet womöglich in Vergessenheit geraten könnte: Im Jänner 1999 war er schon wieder da. Am 21. Jänner führte die Polizei um 2 Uhr nachts in der Ignaz-Harrer-Straße eine Routinekontrolle durch. Dabei stellte sich heraus, dass Mehmet vom Landesgericht Salzburg ja noch immer zum Strafantritt ausgeschrieben war. Er wurde also – wieder einmal – festgenommen und in das

Gefangenenhaus eingeliefert. Dort musste er vom 21. Jänner bis zum 30. April eine Haftstrafe absitzen."

„Wenigstens wird er hin und wieder eingesperrt", meinte Sandra, „aber letztlich: Wie kommen wir eigentlich dazu, dass wir solche Figuren durchfüttern? Unsere Gefängnisse sind ohnedies dort und da schon zu eng – für unsere eigenen Kriminellen. Und da brauchen wir noch extra welche dazu? Oder wie soll ich das sehen?"

„Brauchen wir natürlich nicht", sagte Winter, „Sie sehen das völlig richtig. Es geht ja nicht nur darum, dass diese Leute *auch* eingesperrt werden, so wie unsere, wie Sie sagen, eigenen Kriminellen. Es geht darum, was sie an Kosten verursachen. Sie müssen bedenken, dass Mehmet sich – jetzt sind wir im Jahr 1999 – mittlerweile seit acht Jahren in Österreich aufhält, keinen Handgriff gearbeitet, dafür aber massenhaft Sozialhilfe bezogen hat; und erinnern Sie sich nur an die Geschichte mit dem Führerschein: Dolmetscher, Verfahrenshilfe … Und er ist vor allen Dingen nicht der Einzige, der dieses Spielchen spielt. Das kostet die österreichischen Steuerzahler ein Vermögen!"

Sandra meinte: „Ich habe Sie schon wieder unterbrochen. Aber ich bin einfach bestürzt, wie so etwas möglich ist, dass man sich in Österreich so aufführen darf. – Jetzt bin ich still, ich höre ganz aufmerksam zu."

Winter sagte: „Sie sind ohnehin tapfer, Sie halten das den ganzen Abend schon durch. Also weiter im Programm.

Am 15. August 1999 wurde Mehmet beim Schwarzfahren erwischt, und die Kontrolleure der Verkehrsbetriebe riefen die Polizei um Hilfe, weil er sie angepöbelt und sich geweigert hatte, sich auszuweisen. Er wurde vorübergehend festgenommen. Das", sagte Helmut Winter, „machen natürlich andere Leute auch, auch Österreicher, das ist mir schon klar. Aber es steht halt auch da drin in der Akte, und ich erwähne es, weil es verdeutlicht: Er lässt einfach *nichts* aus! Und es geht bunt gemischt weiter:

Am 16. Dezember 1999 wurde die Polizei in die Unfallchirurgie des Landeskrankenhauses Salzburg gerufen, weil dort ein Mann eingeliefert worden war, der in der Gabelsberger Straße auf dem Gehsteig gelegen war und vorgegeben hatte, schwer verletzt zu sein. Die Untersuchung inklusive eines Röntgens ergab jedoch keinerlei Verletzungen.

Die Polizeibeamten erkannten natürlich sofort Mehmet, er ist ja in unserer Stadt nicht nur der Polizei mittlerweile ein guter Bekannter.

Als er, weil er absolut keine Verletzungen hatte, entlassen werden sollte, warf er sich auf den Boden und begann herumzubrüllen. Er kroch zur automatischen Tür und trat auf sie ein, sodass sie aus der Verankerung sprang.

Die Polizisten im Verein mit dem Krankenhauspersonal brachten ihn schließlich dazu, mit einem Taxi nach Hause zu fahren.

Die Polizeibeamten staunten allerdings nicht schlecht, als sie ihn schon kurze Zeit später wieder fanden: und zwar vor dem Wachzimmer Rathaus – wieder auf dem Boden liegend. Als er die Polizisten sah, robbte er Richtung Fahrbahnmitte und konnte mit Mühe von dort weggezerrt werden, damit er nicht überfahren wurde.

Das Landeskrankenhaus hat Mehmet wegen Sachbeschädigung – die eingetretene Tür – angezeigt. Das Bezirksgericht Salzburg verurteilte ihn in der Hauptverhandlung im Mai 2000 zu einer Geldstrafe von 3.600 Schilling oder ersatzweise zu einer Haftstrafe von 60 Tagen."

10

Nun war es Roman Kaiser, der Winters Vortrag unterbrach. Er blickte auf Sandra Michaelis und sagte: „Ich habe den Eindruck, dass Sie etwas fragen wollen, Sie trauen sich nur nicht recht …"

Sandra antwortete: „Ich traue mich wirklich nicht. Immerzu falle ich Ihnen ins Wort", wandte sie sich an Helmut Winter. „Aber mir drängen sich halt schon sehr viele Fragen auf, wissen Sie. Wird Ihnen diese Arbeit eigentlich nie zu blöd, Herr Hofrat? Oder besser gesagt: Verzweifeln Sie nicht daran? Ehrlich jetzt. Das muss ja der Vollfrust sein. Sie bearbeiten kiloweise Akten, und dann müssen Sie zuschauen, wie liebevoll der österreichische Staat mit solchen Kriminellen umgeht – da geht's ja nicht um irgendwelche armen Teufel, denen man helfen muss. Dieser Mehmet ist ja *nur* daneben, wenn ich das so ausdrücken darf. Der arbeitet nichts, der wird alle zwei Monate, spätestens, irgendwo straffällig, kriegt von unserem Staat einen Haufen Geld obendrein – der lacht ja alle aus. Wie fühlt man sich denn in Ihrem Job so, über die Jahre, meine ich?"

„Der Job", antwortete Winter, „ist schon okay, das werden Sie selbst sehen. Man *kann* natürlich helfen, dort und da. Das Problem ist die enorme Flut an Anträgen, das Problem ist, dass wir viel zu wenige Leute sind, und das Problem sind die unzähligen Unehrlichen, die daherkommen. Diejenigen, die völlig ohne Motiv um Asyl ansuchen, uns von vorn bis hinten anlügen und uns wertvolle Zeit stehlen. Die sind leider, das muss ich auch sagen, in der Überzahl.

Und *daneben*, wenn ich zu Ihrer Ausdrucksweise greifen darf, aber völlig daneben ist das Gesetz, sind die Asylbestimmungen. *Dort* müsste angegriffen werden, das muss man ändern. Und dort ist natürlich unser Frustpotenzial, das sehen Sie schon richtig. Dr. Kaiser ist unser Supervisor, der kriegt die gesamte Ladung auf seine Schultern gelegt, der hat's gleich doppelt fein."

Kaiser hakte ein und sagte: „Wir haben es tausendmal durchgekaut, Helmut. Es kann ja wohl nicht so sein, dass kriminelle Menschen, die hier, wie Sandra das so schön gesagt hat, durch die Gefängnisse gefüttert werden, sogar erst *nach* Verbüßung einer Haftstrafe noch Asylanträge stellen dürfen. *Das* ist ja das Groteske! Dann werden diese Anträge abgelehnt, dann berufen sie, und schon geht das Spiel los und dauert Jahre. Und beim Asylgesetz tut sich buchstäblich nichts. Wir haben's tausendmal besprochen, was soll ich noch dazu sagen?"

Sandra sagte: „Ich höre mir das jetzt weiter an, versprochen. Es ist kaum zu glauben, aber ich sehe, dass Sie mit dieser dicken Akte ganz und gar noch nicht am Ende sind ..."

Winter nickte, nahm die Akte wieder in die Hand und erklärte:

„Mittlerweile sind wir im Jahr 2000 angelangt. Und Mehmet, ein notorischer Randalierer und Raufer, dem nichts passieren kann, gibt der Polizei immer wieder etwas zu tun.

Am 8. Mai 2000 um 1 Uhr nachts schlug er in einem Lokal in der Rainerstraße mit einem Schirmständer ein Fenster ein. Der Besitzer, Duran R., wollte ihn aus seinem Lokal entfernen, drängte ihn hinaus auf den Gehsteig, aber Mehmet lässt sich, wie wir mittlerweile wissen, so leicht nicht abwimmeln. Und er lässt auch keine Rauferei aus. Er nahm das Eisenrohr des Schirmständers und schlug es Duran R. über den Kopf und über die Schulter.

Damit nicht genug: Er kam um 6 Uhr wieder – dafür gibt es einen Zeugen – und schlug die restlichen Fensterscheiben des Lokals auch noch ein. Dann flüchtete er.
Der Zeuge informierte die Polizei, die Mehmet schließlich in der Nähe des Bahnhofs festnehmen konnte.

Die Recherchen ergaben, dass Duran R. Mehmet eine Arbeit angeboten hatte, er sollte ihm beim Renovieren des Lokals helfen. Da Mehmet aber nichts arbeitete, sondern nur trank und rauchte, setzte ihn Duran R. schließlich wieder ab. Nach der Eröffnung des Lokals hatte Mehmet wohl beschlossen, sich auf diese Art und Weise dafür bei Duran R. zu revanchieren.

Seine nächste Aktion hat er am 8. September 2001 geliefert. An diesem Tag wurde die Polizei in die Elisabethstraße gerufen, weil dort ein Mann verletzt worden sei.

Es handelte sich um den türkischen Staatsangehörigen Haydar D., der angab, Mehmet habe ihn bei der nahe gelegenen Tankstelle aufgefordert, mitzukommen, weil er etwas mit ihm zu besprechen habe. Haydar D. folgte ihm ins Stiegenhaus. Dort schubste Mehmet seinen Freund Ibrahim F. zunächst hinaus auf die Straße und sperrte hinter ihm die Haustür zu. Im Stiegenhaus verprügelte er nun ohne große Ankündigungen Haydar D. nach allen Regeln der Kunst, verpasste ihm mehrere Faustschläge ins Gesicht und einen Tritt in den Magen. Danach sperrte er die Haustür wieder auf und stieß den verletzten Haydar D. hinaus. Der Polizei gegenüber gab Mehmet an, dass er Haydar D. einen Denkzettel verpassen wollte, weil dieser sich damit gerühmt habe, seinen Freund Ibrahim F. geschlagen zu haben.

Bei dieser Gelegenheit konnte festgestellt werden, dass gegen Mehmet bereits wieder ein gerichtlicher Haftbefehl vorlag."

„Und jetzt", sagte Helmut Winter, „nachdem ich Ihnen beiden alles vorgelesen und erzählt habe, was Mehmet im Laufe dieser zehn Jahre den österreichischen Behörden alles aufzulösen gegeben hat, jetzt kommen wir – endlich, sollte ich wohl sagen – zu der alles entscheidenden Berufungsverhandlung, in der das Asylverfahren endgültig abgeschlossen werden sollte.

Sie, Sandra", er wandte sich wieder an seine junge steirische Kollegin, „haben nun doch ein recht umfassendes Bild von dem Mann bekommen, von dem wir hier schon den ganzen Abend sprechen.

Wie ganz am Anfang schon klar geworden ist, gab es keinen einzigen vernünftigen Grund, Mehmet einen Status als Asylant zu verschaffen, weil er weder politisch verfolgt war noch irgendwelche anderen Gründe angeben konnte, die für eine Asylgewährung relevant gewesen wären. Sein Rechtsanwalt ist allerdings ganz rasch zu dem Schluss gekommen, dass jemand, der das türkische Konsulat in Österreich attackiert, automatisch zum politisch Verfolgten wird und deshalb in unserem Land bleiben sollte. Wie Sie gesagt haben: Auf diese Idee muss man erst einmal kommen.

Mehmet ist, auch das steht außer Zweifel, ein hochgradig aggressiver Mensch, rauflustig, verschlagen und brutal. Und wenn wir uns erinnern: In dem Fahrzeug, in dem er mit den zwölf anderen Türken im Jahr 1991 vor das türkische Konsulat gefahren ist, um dann bei dem Angriff mitzumachen, sind unter anderem auch Anleitungen gefunden worden, wie man am geschicktesten einen Asylantrag stellt. Wir dürfen also ohne weiteres davon ausgehen, dass er *wusste,* dass ihm ein Anschlag auf ein Konsulatsgebäude letzten Endes nur zugute kommen könnte!

Die öffentliche Berufungsverhandlung fand am 6. November 2001 vor dem Unabhängigen Bundesasylsenat statt, der mit 1. Jänner 1998 anstelle des Innenministeriums für solche Verfahren eingerichtet worden ist.

Natürlich wurde Mehmet wieder von seinem unermüdlichen Rechtsanwalt vertreten, und was der dem Unabhängigen Bundesasylsenat vorgetragen hat, will ich Ihnen hier nicht vorenthalten. Das kann man in all seiner Dramatik,

die der Anwalt aufgeboten hat, allerdings nicht nach-
erzählen, das lese ich wörtlich vor.

*Als hauptsächlicher Asylgrund wird jene Mehmet M. im
Heimatstaat im Rückkehrfall zu erwartende Verfolgungs-
bedrohung geltend gemacht, welche an dem Umstand
anknüpfen würde, dass Mehmet M. gemeinsam mit 12
anderen Personen am 20. Juli 1991 an einer gegen die Ver-
tretung der Türkei in Salzburg (Generalkonsulat) gerich-
teten Protestkundgebung teilgenommen hat. Die tatsäch-
liche Gefährdung des Mehmet M. ergibt sich aus einer
Gesamtschau aufgrund folgender Umstände:*

*1. Weil sich das türkische Generalkonsulat als Privatbe-
teiligter dem Strafverfahren angeschlossen hat und
daher davon auszugehen ist, dass der gesamte Inhalt
des in der heutigen Verhandlung erörterten Strafaktes
im Wege des türkischen Generalkonsulates und des türkischen Außenministeriums den türkischen Sicherheitsbehörden bekannt geworden ist. Weil über durchgeführte Akteneinsichtnahme in einem Strafverfahren
keine Aktenvermerke angelegt werden, lässt sich nicht
mehr nachweisen, dass das Generalkonsulat über den
Rechtsvertreter Akteneinsicht genommen hat, doch
muss insbesondere aufgrund der Ausführungen im
Strafakt ein erhebliches Interesse der türkischen
Behörden an Informationen aus dem Strafakt angenommen werden.*

*2. Allein die sich aus dem gerichtlichen Strafakt ergeben-
den Anhaltspunkte dahingehend, dass diese nicht bloß*

friedlich verlaufene Kundgebung eine direkte Reaktion auf Verfolgungsaktivitäten der türkischen Polizei gegen Mitglieder der militanten DEV-SOL gewesen sei, sowie die in der Türkei verfassten Bekennerbriefe der DEV-SOL in Zusammenhang mit den vorgefundenen Materialien, wie Flugblätter und Transparente, setzen Mehmet M. der konkreten Gefahr aus, in der Türkei wegen Mitgliedschaft zu einer verbotenen, als staatsfeindlich eingestuften Organisation und aktiver Unterstützung dieser Organisation sowie eines damit in Zusammenhang stehenden Anschlages auf eine türkische Vertretungseinrichtung unter Anklage gestellt und wegen eines schweren politischen Deliktes zu einer langjährigen Freiheitsstrafe verurteilt zu werden, wobei aufgrund der weit gefassten Tatbestandselemente der in Betracht kommenden Strafrechtsnormen selbst eine nur geringfügige Beteiligung von Mehmet M. als Randfigur dennoch zu einer strafrechtlichen Verurteilung führen kann und aller Wahrscheinlichkeit nach auch führen wird, da, wie aus vielen Verfahren bekannt ist, die sich aus der Menschenrechtskonvention ergebenden Grundsätze und Mindestverteidigungsrechte in einem derartigen Verfahren keine Beachtung finden würden.

3. Die als Organisation in Betracht kommende DEV-SOL stellt für die türkischen Sicherheitsbehörden ein extremes Feindbild dar, woraus sich intensive sicherheitspolizeiliche Ermittlungen, die Mehmet M. in voller Härte treffen würden, ergeben würden, zumal die Sicherheitsbehörden ein enormes Interesse daran haben, zu prüfen, welche sonstigen Personen, Sympathisanten oder

Unterstützer dieser Gruppierung angehören. Allein schon zur weiteren Erhärtung der sich aus einer Kopie des österreichischen Strafaktes ergebenden Beweise drohen Mehmet M. Verhöre und Einvernahmen, bei denen Methoden der Folter und unmenschlicher Behandlung angewendet würden, um Geständnisse oder informative Angaben aus Mehmet M. herauszupressen.

4. Verschärft wird diese Gefährdungslage für Mehmet M. noch dadurch, dass er am 7. Juni 1995 ein zweites Mal ins Blickfeld des türkischen Generalkonsulates in Salzburg geraten ist, weil er damals versucht hat, gewaltsam in das Gebäude des Generalkonsulates einzudringen, wobei er durch Werfen von Steinen einigen Sachschaden am Gebäude verursacht hat und deshalb auch mit Urteil des Landesgerichtes Salzburg wegen Hausfriedensbruchs und Sachbeschädigung verurteilt worden ist. Mehmet M. lebt bereits annähernd zehn Jahre im Raum Salzburg und ist in türkischen Kreisen allgemein bekannt, sodass davon auszugehen ist, dass dem türkischen Generalkonsulat diese von Mehmet M. nach seinen eigenen Angaben aus innerem Hass gegen den türkischen Staat begangene Straftat zur Kenntnis gelangt ist, ohne dass es da einer Privatbeteiligung und Akteneinsicht im Strafverfahren bedurfte, zumal die Salzburger Polizei bei der Anzeigeerstattung gegen Mehmet M. Ermittlungen beim türkischen Generalkonsulat anstellen musste, wobei Mehmet M. den Angehörigen des Konsulates bei diesen Ermittlungen mit Sicherheit als Täter bekannt geworden ist.

5. Eine weitere Verschärfung erfährt die Gefährdung von Mehmet M. im Falle seiner Rückkehr dadurch, dass einer der Tatbeteiligten vom 20. Juli 1991 einige Jahre später vom Landesgericht Wels wegen Mitgliedschaft zu einer verbrecherischen Organisation, nämlich der DHKPC, sowie wegen Beteiligung an zumindest einem Brandanschlag auf ein Vereinslokal einer rechtsgerichteten türkischen Organisation wegen versuchter Brandstiftung verurteilt worden ist.

6. Mehmet M. hat am 30. Oktober 2001 dem Rechtsvertreter bei einer Besprechung in der Justizanstalt Salzburg berichtet, dass sein in Frankreich lebender Bruder im Sommer dieses Jahres in die Türkei gereist und ihm dabei zur Kenntnis gelangt sei, dass die türkische Polizei nach Mehmet M. fahndet und Fotos von ihm bei der Grenzpolizei aufliegen. Auch sei Mehmet M. zum Zeitpunkt seiner Flucht aus der Türkei unter Verdacht gestanden, mit verbotenen linksgerichteten Organisationen zusammenzuarbeiten bzw. diese unterstützt zu haben.

7. Schließlich ist es qualifiziert wahrscheinlich, dass sich der bei den Kadern der türkischen Exekutive vorhandene latente Hass auf Mitglieder linksgerichteter Organisationen sowie auf Menschen kurdischer Herkunft, die durch als staatsfeindlich eingestufte Aktivitäten in Erscheinung getreten sind, entladen würde.

Dazu genügt das Faktum, dass Mehmet M. einmal alleine und ein zweites Mal mit zwölf der DEV-SOL zugeordneten Personen an einem Anschlag auf eine türkische Vertretungseinrichtung in Österreich beteiligt war. Allein schon deshalb muss Mehmet im Falle seiner Abschiebung wohlbegründet fürchten, Opfer von Misshandlungen oder Folter zu werden, und zwar selbst dann, wenn es – was keinesfalls angenommen werden kann – nicht zu sicherheitspolizeilichen und/oder gerichtlichen Ermittlungen wegen seiner Beteiligung an der Kundgebung vom 20. Juli 1991 käme.

Klarzustellen ist, dass Mehmet M. nur in untergeordneter Weise an der Aktion vom 20. Juli 1991 beteiligt war, auch von den strafrechtlichen Vorwürfen freigesprochen wurde und sich unter Einwirkung vonseiten anderer Teilnehmer dazu hat hinreißen lassen, eine polizeilich nicht angemeldete politische Protestkundgebung durchzuführen.

Die geltend gemachten Verfolgungsbedrohungen würden jedoch an ganz anderen als den für die österreichische Justiz relevanten Umständen anknüpfen, nämlich an den Verdacht, der für die türkischen Sicherheitsbehörden als Faktum angesehen werden würde, eine verbotene marxistisch-leninistische Organisation aktiv unterstützt zu haben. Dabei würde an einer vermuteten politischen Gesinnung von Mehmet M. sowie an dessen kurdischer Abstammung angesetzt.

Im Hinblick darauf kann die Asylwürdigkeit nicht in Zweifel gezogen werden.

8. Es kann nicht angenommen werden, dass Mehmet M. durch seine Beteiligung an der Kundgebung vor dem türkischen Generalkonsulat am 20. Juli 1991 ein Verhalten gesetzt hat, das den Asylausschluss wegen

Gefährdung der Sicherheit der Republik Österreich nach sich ziehen würde.

Es muss zu Gunsten von Mehmet M. gewürdigt werden, dass sein damaliges Handeln aus der Sicht der österreichischen Rechtsordnung nicht rechtswidrig bzw. strafgesetzwidrig war, wurde er doch von den strafrechtlichen Vorwürfen freigesprochen. Der hier in Rede stehende Asylausschlussgrund kann nicht vorliegen, wenn die betreffende Aktion zu keiner strafrechtlichen Verurteilung geführt hat. Inwieweit dadurch türkische Staatsinteressen betroffen werden, tangiert im gegenständlichen Fall die Frage der Sicherheit der Republik Österreich nicht.

9. *Es erfüllt aber auch keines der von Mehmet M. in Österreich begangenen strafrechtlichen Delikte die gesetzlichen Anforderungen für eine Asylausschließung.*

Keines dieser Delikte stellt ein besonderes schweres Verbrechen dar, wie die schon über Mehmet M. verhängten Strafen und auch die Strafdrohungen der einzelnen Deliktstatbestände zeigen.

Die Delikte hängen alle damit zusammen, dass Mehmet M. sich bisher in Österreich wegen seines schlechten Rechtsstatus nicht integrieren konnte, was seinen psychischen Zustand belastet hat, wobei die letzte Tat dadurch ausgelöst wurde, dass Mehmet M. als Arbeitskraft eben keine legale Beschäftigung finden konnte, vom türkischstämmigen Besitzer eines Gastlokals ausgebeutet und ihm der Lohn vorenthalten wurde."

11

Helmut Winter trank einen Schluck Wasser, schaute seine junge Kollegin an und fragte: „Nun, Sandra, was meinen Sie?"

Sandra Michaelis sagte: „Davon hat die so genannte breite Masse nicht den Schimmer einer Ahnung, *das* meine ich. Was da für Dinge laufen. Dieser Rechtsanwalt, also so was hat doch die Welt noch nicht gesehen!
Dieser Türke ist einfach nur deshalb nach Österreich gekommen, weil's ihn in der Türkei nicht mehr gefreut hat – aus Hass auf seine türkische Heimat, das sagt er ja überall. Diesen Hass tut er gleich ganz schnell kund, indem er hier bei uns das Konsulat attackiert. Und deshalb – deshalb! –, sagt sein Rechtsanwalt, ein *österreichischer* Rechtsanwalt, ist er ab sofort ein politisch Verfolgter.
Ich schließe mich Ihrer Meinung absolut an: Mehmet – hoppla, ich übernehme schon Ihre interne Terminologie – hat *gewusst,* was er da tut. Er ist ja ein zweites Mal auf das Konsulat losgegangen, und zwar ganz allein! Danach hat er sich zehn Jahre lang in Österreich aufgeführt, dass es eine Freude war, ist die ganze Zeit nur straffällig geworden, aber in die Türkei zurückschicken soll man ihn jetzt dennoch nicht dürfen. Das ist doch unerhört!"

Sie zündete sich eine Zigarette an, nahm sich auch noch ein Glas Wasser und fuhr fort: „Dieser Rechtsanwalt hängt sich in seiner ganzen Rede hauptsächlich auf dieser einen Aktion auf, nämlich dass Mehmet das türkische Konsulat attackiert hat. Das macht ihn also zum politischen Flüchtling, sehr gut durchdacht. Sein Argument, dass alles andere, was Mehmet in den zehn Jahren in Österreich alles angestellt hat, halb so wild sei, finde ich auch irgendwie beachtlich.

Da drängt sich bei mir jetzt das auf, was ich von anderen Leuten nie hören will: Dürfte einer von uns das in der Türkei machen? Oder in einem anderen Land? Dürfen wir irgendwo einfach illegal ins Land kommen, dort stehlen, raufen, randalieren, mit Waffen herumrennen und Menschen bedrohen, und als Belohnung für dieses Verhalten setzt sich schließlich ein türkischer Rechtsanwalt mit Händen und Füßen dafür ein, dass wir dort bleiben dürfen?

Bei uns in Leoben wird oft genug, wie vermutlich überall in Österreich, natürlich auch dort und da, in Gasthäusern usw., über unsere Einwanderungsproblematik gesprochen. Da höre ich dann jeweils solche Fragen. Ich bin bei allen als überaus toleranter und liberaler Mensch bekannt, und ständig lege ich mich mit Leuten in derartigen Diskussionen an, jedes Mal sage ich, dass das ausländerfeindlich ist, dass man eben Österreich mit der Türkei oder ähnlichen Ländern nicht vergleichen darf. Aber dieser Fall verschafft mir doch einen ganz anderen Blick auf die Dinge. Ich bin jetzt echt sauer."

Sie holte Luft, schaute von Winter zu Kaiser und sagte: „Und wissen Sie, was ich noch denke? Wenn das wahr ist, was da alles geredet wird über die Türkei, wenn das nur *im*

Ansatz wahr ist: das mit den Foltermethoden und so weiter – was bringt dann eigentlich irgendjemanden auf die Idee, dass dieses Land der EU beitreten sollte?

Das ist doch finsterstes Mittelalter, was sich dort abspielt, wenn es denn wahr sein sollte. Da steht auf gewissen Verbrechen noch die Todesstrafe!

Können diese Menschen überhaupt europäisches Denken entwickeln? Ist nicht auch ihre Religion ein echtes Problem, sodass sie sich nirgendwo integrieren können? Ich habe einiges gelesen über muslimische Erziehung – das ist nicht ohne, kann ich Ihnen sagen."

Dr. Roman Kaiser sagte: „Siehst du, Helmut, das haben wir auch schon mehrmals im Kreis der Kollegen erörtert." Er wandte sich an Sandra. „Natürlich sind nicht alle Türken kriminell, das würden wir auch nirgendwo behaupten. Dieser Mehmet ist ein ganz besonderes Früchtchen. Aber er ist, das haben wir auch schon gehört, eben leider nicht der Einzige, der das österreichische Asylrecht so missbraucht, und muslimisch erzogene Einwanderer haben erfahrungsgemäß ganz generell Anpassungsschwierigkeiten. Ihre Erziehung, die sehr stark an ihrer Religion orientiert ist, schreibt ihnen gewisse Werte und Grundsätze vor, die mit mitteleuropäischem Denken recht wenig zu tun haben."

Helmut Winter sagte: „Ich gebe jetzt und hier keinen Kommentar dazu ab. Ich habe gesagt, dass ich heute diesen Fall erzähle, damit Sie, Sandra, einen Einblick bekommen, und dabei bleibe ich, sonst sitzen wir morgen Früh noch da.

Ich betone nur noch einmal: Das ist unser Alltag im Bundesasylamt. Sie sollten auf alles gefasst sein. Wenn ihr einverstanden seid, mache ich weiter – wir sind ohnehin schon im Endspurt.

Wir waren also beim feurigen Vortrag des Rechtsanwalts von Mehmet, worauf nun der Verhandlungsleiter des Unabhängigen Bundesasylsenates einem eigens bestellten Türkei-Sachverständigen folgende Fragen stellte:

1. Vor dem Hintergrund des Umstandes, dass sich in diesem Fall das türkische Generalkonsulat an Aktenteilen des 1991 gegen Mehmet M. geführten Strafverfahrens zur Weiterleitung an das türkische Außenministerium interessiert gezeigt hat: Wie üblich ist Ihrer Kenntnis nach ein derartiges Interesse türkischer Vertretungsbehörden im Ausland, und welchen türkischen Stellen wird Ihrer Kenntnis nach eine derartige, etwa im Wege der Akteneinsicht erhaltene Information außer dem türkischen Außenministerium noch zur Kenntnis gebracht?

Antwort: Die türkischen Vertretungsbehörden im Ausland unterstützen den Kampf türkischer Behörden gegen verbotene, insbesondere linksgerichtete (marxistische), terroristische oder separatistische Organisationen regelmäßig dadurch, dass auf jede mögliche Weise, insbesondere durch Auswertung allgemein zugänglicher Medienberichte und durch eigene Beobachtung, die Aktivitäten solcher verbotener Organisationen im Gastland sowie die Tätigkeiten von mit diesen in Verbindung stehenden Personen erhoben und im Wege des türkischen Außenministeriums zunächst einer so genannten Informationssammelstelle im Bereich der politischen Polizei gemeldet werden.

In diesem Fall hat offenbar das türkische Generalkonsulat eine besondere Möglichkeit der Erschließung von Informationsquellen gefunden; ich gehe davon aus, dass sich das türkische Generalkonsulat diese Möglichkeit der Informationsgewinnung nicht hat entgehen lassen.

2. Welche Schlüsse werden Ihrer Ansicht nach, das heißt rund zehn Jahre nach dem Vorfall, die türkischen Behörden in Bezug auf Mehmet M. ziehen? Mit anderen Worten: Würde für die türkischen Behörden eher der Umstand des erfolgten Freispruchs und oder des mittlerweile verstrichenen Zeitraumes ins Gewicht fallen oder der Umstand, dass sich in den Akten belastendes Material befindet?

Antwort: Der vor dem österreichischen Strafgericht erfolgte Freispruch als solcher wird von der türkischen Polizei und Justiz respektiert werden, das heißt, Mehmet M. würde wegen jener Delikte, wegen der er hier in Österreich bereits vor Gericht gestanden ist, nicht neuerlich in der Türkei angeklagt werden. Demnach hätte Mehmet M. in der Türkei kein Verfahren mehr wegen des Vorwurfs, bei einem Brandbombenanschlag auf das türkische Generalkonsulat in Salzburg in Gemeinschaft mit anderen dabei gewesen zu sein, oder wegen versuchten Widerstandes gegen die österreichische Staatsgewalt zu befürchten.

Von dieser rein gemeinstrafrechtlichen Seite ist jedoch die politische Seite, unter Einschluss der strafrechtlichen Verfolgung politischer Delikte, zu unterscheiden. Nach dem türkischen Strafrecht ist die Zugehörigkeit zu einer verbotenen Organisation nach den Bestimmungen des Antiterrorgesetzes zu ahnden. Die Verfolgungsverjährung für derartige Delikte tritt überhaupt nicht ein, wenn sie im Ausland begangen wurde, ansonsten ist sie von der Strafdrohung abhängig. Für Verbrechen, die mit Todesstrafe oder lebenslanger Freiheitsstrafe bedroht sind, beträgt die Frist 20 Jahre.

Derartige, zumal im Ausland begangene Delikte sind also auch noch nach einer Frist von zehn Jahren zu verfolgen und werden meines Wissens auch tatsächlich rigoros verfolgt, weil solche Delikte als ein Anschlag auf den gegenwärtigen kemalistischen Staat aufgefasst werden.

Die wiedergegebenen Aktenauszüge, speziell die darin enthaltenen Hinweise auf die in der Türkei verbotene Organisation DEV-SOL, insbesondere im Zusammenhang mit anderen Anschlägen, sind mit Sicherheit geeignet, türkische Behörden im Falle der Rückkehr von Mehmet M. in die Türkei zu eigenständigen Ermittlungen darüber zu veranlassen, ob Mehmet M. in Österreich ein derartiges politisches Delikt begangen hat.

3. Welche Behandlung hätte Mehmet M., der von sich selbst anlässlich seiner Vernehmung als Beschuldigter behauptet hat, er habe von der geplanten Demonstra-

tion überhaupt nichts gewusst, sondern lediglich eine Mitfahrgelegenheit nach Salzburg wahrgenommen, um einen Freund in Salzburg zu besuchen, im Falle seiner Rückkehr in die Türkei zunächst von türkischen Sicherheitsorganen und in weiterer Folge durch die türkische Justiz zu erwarten?

Antwort: Im Falle seiner Rückkehr in die Türkei würde Mehmet M. bei der ersten sich bietenden Gelegenheit der Antiterror-Einheit der türkischen Polizei, also einer auf die Durchführung von Einvernahmen von Personen, die politischer Delikte verdächtigt werden, spezialisierten Stelle übergeben. Derartige Einvernahmen sind auch heute noch mit hoher Wahrscheinlichkeit begleitet von physischen Übergriffen wie Abspritzen mit einem Hochdruckwasserstrahl, Verwendung eines Palästinahakens (Hochziehen der auf den Rücken gebundenen Arme), Zuleitung von elektrischer Energie in bestimmte Körperteile, Einsperren in einen Schildkrötenkäfig (deshalb so genannt, weil er den Eingesperrten zu einer schildkrötenähnlichen Haltung zwingt), von geringeren Übergriffen, wie etwa der Verabreichung von Prügeln, einmal abgesehen.

Die Antiterroreinheit ist den Staatssicherheitsgerichten vorgeschaltet, die über Beschuldigte bei der Begehung eines Terrordeliktes zu urteilen haben.

Wie allgemein bekannt ist, wurde während des Öcalan-Prozesses die Zusammensetzung der Staatssicherheitsgerichte dahingehend geändert, dass diesen nun kein

Offizier mehr angehört. Das hat zu einer merklichen Verbesserung des Verfahrensstandards geführt.

Der Umstand, dass Mehmet M. anlässlich seiner Vernehmung als Beschuldigter seine Involvierung in den damaligen Vorfall als rein zufällig dargestellt hat, würde jedenfalls von der Antiterroreinheit bloß als das übliche Leugnen eines Beschuldigten gewertet und an der üblichen Art der Einvernahme nichts ändern.

Nun gab Rechtsanwalt Dr. Gerhard M. als Vertreter von Mehmet folgendes Plädoyer ab:

Das durchgeführte Ermittlungsverfahren, insbesondere die Erörterung der wesentlichen Teile des den Vorfall vom 20. Juli 1991 betreffenden Strafaktes und die gutachterlichen Ausführungen des Sachverständigen haben ergeben, dass Mehmet M., müsste er jetzt in die Türkei zurückkehren, mit erheblicher Wahrscheinlichkeit wegen des Verdachts, Mitglied einer verbotenen, den türkischen Staat in seiner jetzigen Form gefährdenden Organisation, die den Bestimmungen des türkischen Antiterrorgesetzes unterliegt, zu sein, eine eingriffsintensive Verfolgung durch die türkische Antiterroreinheit und besonders grausame Formen der Folter drohen, wobei die Verfolgungsmotivation der türkischen Behörden politischer Natur wäre, sodass alle Elemente des Flüchtlingsbegriffes erfüllt bzw. glaubhaft gemacht sind.

Da auch keiner der gesetzlichen Ausschlussgründe zum Tragen kommen darf, erweist sich die Berufung als begründet. Der Berufungsantrag auf Asylgewährung wird aufrechterhalten.

*Die strafrechtlich relevanten Handlungen von Mehmet M.
sind Ausdruck seiner schwierigen sozialen Lebenssitua-
tion, die vor allem durch Instabilität und Ungewissheit
über das Morgen und die Zukunft geprägt ist. Mehmet M.
ist ein emotionaler Mensch, der zu Aggressionen neigt.
Dennoch haben sich alle seine strafbaren Handlungen
noch in einem Rahmen bewegt, der keine Asylunwürdig-
keit auslöst."*

Helmut Winter blickte von der Akte auf, schaute auf
Sandra Michaelis und fragte: „Sandra?"

Sie antwortete: „Mein Gott, bin ich froh, dass ich mir
das hier heute anhören durfte. Ich war der Meinung, ich
hätte schon viel Information über Ihre Arbeit und meine
künftige Tätigkeit hier bekommen – aber dass es *so etwas*
gibt, das hat mir keiner gesagt!"

Sie nahm einen großen Schluck Wasser und sagte: „Wie
ich schon sagte: Wenn das wirklich stimmen sollte mit den
Foltermethoden in der Türkei, dann *ist* das natürlich ein
Skandal.
Aber warum sollen *wir* solche Typen wie Mehmet behalten? Der hat ja keinerlei anständige Absichten, der hat ja
nicht vor, sich in Österreich wie ein Mensch zu benehmen.
Er kostet uns nur einen Haufen Geld, er wird pausenlos
kriminell, und der Rechtsanwalt drückt auf die Tränendrü-
sen und meint: Alles nicht so schlimm, ist halt ein emotionaler Mensch. Ich bin *auch* ein emotionaler Mensch,
aber ich habe noch niemanden geschlagen, mit einem
Messer bedroht oder Steine auf ein Gebäude geworfen, vor

dem noch dazu Menschen gestanden sind!

Ich will Ihnen jetzt nicht vorgreifen – aber so wie ich das sehe, *hat* der Asyl bekommen bei uns …"

Winter antwortete: „Ich bin auch froh, dass Sie sich das heute alles angehört haben, Sandra. Es ist wirklich die beste Möglichkeit für Sie, sich darauf einzustellen, was in unserem Amt auf Sie zukommen wird. Und Sie haben Recht: Er *hat* Asyl bekommen."

12

„Das entscheidende Mitglied des Unabhängigen Bundesasylsenates ist zu dem Schluss gekommen", führte Helmut
Winter weiter aus, „dass als Ergebnis der durchgeführten
Berufungsverhandlung mit der für dieses Verfahren erfor-
derlichen Wahrscheinlichkeit feststehe, dass Mehmet im
Fall seiner Rückkehr in die Türkei allein schon wegen seiner Beteiligung an der Attacke auf das türkische Konsulat
im Juli 1991 eine Einvernahme durch die Antiterror-Einheit der türkischen politischen Polizei zu befürchten
hätte, wobei der Grad der Wahrscheinlichkeit durch den
zweiten, jedenfalls aus der Perspektive des türkischen
Staates gleichartigen Vorfall im Jahr 1995 wohl noch
erhöht worden sei.

Die zu erwartenden Übergriffe, meint der Unabhängige
Bundesasylsenat, sind aufgrund der Intensität, wie vom
Sachverständigen geschildert, als asylrelevante Verfolgung
zu qualifizieren.

Da diese Übergriffe nach den Darlegungen des Sachverständigen vor allem in dem am ersten Verhandlungster-
min erörterten Strafakt wurzeln (Mehmet M. würde
zumindest anfänglich eine Nähe zu der in der Türkei verbotenen Organisation DEV-SOL unterstellt), erfolgt diese
Verfolgung überdies aus den in der Genfer Flüchtlings-

konvention genannten Gründen, nämlich wegen der politischen Gesinnung von Mehmet M. Er erfüllt daher die Merkmale eines politischen Flüchtlings.

Die Berufung von Mehmet M. wäre abzuweisen gewesen, wenn er aus gewichtigen Gründen eine Gefahr für die Republik Österreich, von einem inländischen Gericht wegen eines besonders schweren Verbrechens rechtskräftig verurteilt und wegen dieses strafbaren Verhaltens eine Gefahr für die Gemeinschaft gewesen wäre.

Es sei aber dem Rechtsvertreter von Mehmet M. darin zu folgen, dass keines der von Mehmet M. in Österreich begangenen strafrechtlichen Delikte ein besonders schweres Verbrechen war, und zwar weder von der Art der Delikte her noch von ihrer Einordnung:
Verbrechen sind Vorsatzdelikte, die mit lebenslanger oder mit mehr als dreijähriger Freiheitsstrafe bedroht sind; alles andere sind Vergehen.

Der Rechtsvertreter des Mehmet M., befindet der Unabhängige Bundesasylsenat, ist auch mit seinem Hinweis im Recht, dass der Vorfall vom 20. Juli 1991 schon deshalb nicht unter die Asylausschlussgründe fällt, weil Mehmet M. wegen dieses Vorfalles von einem inländischen Gericht rechtskräftig freigesprochen wurde.

Dies trifft jedoch nicht auf den Vorfall vom Juni 1995 zu, wo Mehmet M. versucht hat, gewaltsam in das Gebäude des türkischen Generalkonsulates in Salzburg einzudringen, wobei er durch Werfen von Steinen einen Sachschaden am

Gebäude verursacht hat. Dafür wurde er wegen versuchten Hausfriedensbruchs und wegen Sachbeschädigung verurteilt.

Der Unabhängige Bundesasylsenat, so steht es hier geschrieben, ist sehr wohl der Meinung, dass gewaltsame Anschläge auf diplomatische oder konsularische Vertretungsbehörden sowohl die Sicherheit jenes Staates, in dem sich diese Vertretungsbehörden befinden, bzw. der Asyl gewährte, gefährden und dass derartige Anschläge sich gegen die Ziele und Prinzipien der Vereinten Nationen richten.

Auch die Resolutionen des UN-Sicherheitsrates nehmen unter dem Gesichtspunkt des Terrorismus darauf Bezug, dass ein Fremder, der in einem Staat wegen ‚bombing of the embassies' angeklagt ist, auszuliefern sei.

Im Fall von Mehmet M. berücksichtigt der Unabhängige Bundesasylsenat allerdings, dass die Schuld von Mehmet M. an dem Vorfall vom Juni 1995 vom Landesgericht Salzburg als so wenig schwerwiegend beurteilt worden ist, dass sowohl unter dem Gesichtspunkt der Spezial- wie auch der Generalprävention die Freiheitsstrafe bedingt nachgesehen wurde.

Diese Beurteilung ist für den Unabhängigen Bundesasylsenat nicht nur des geringen materiellen Schadensumfanges wegen, sondern insbesondere auch wegen der näheren Umstände der Tat (offenbar spontaner Entschluss nach durchzechter Nacht) nachvollziehbar, sodass diese Tat nicht unter die Asylausschlussgründe fällt. Damit erweist sich dieser Vorfall, der überdies bereits mehr als sechs Jahre zurückliegt, ohne dass herausgekommen wäre, dass Mehmet neuerlich Gewalt gegenüber einer ausländischen Vertretungsbehörde angewandt hätte, nicht als so gewichtig, dass ihm kein Asyl gewährt werden könnte.

Der Berufung wurde daher stattgegeben", schloss Helmut Winter, „Mehmet wurde in Österreich Asyl gewährt. Mit Bescheid des Unabhängigen Bundesasylsenats vom 20. März 2002 wurde Mehmet M. nach ziemlich genau elf Jahren seiner durchgehend kriminellen Laufbahn die offizielle Flüchtlingseigenschaft in Österreich zuerkannt."

Sandra Michaelis sagte: „Ich habe es kommen gesehen. Ich hab's mir nur bis zum Schluss schlicht nicht vorstellen können. Ich muss es noch einmal sagen: Es ist nicht zu fassen.

Damit ist genau das eingetreten, was Sie vorher aus der Kronen Zeitung vorgelesen haben: Der bleibt uns! Ist kriminell, arbeitet nichts, kostet den Staat ein Vermögen und trägt ein Schild um den Hals: Ihr könnt mir gar nichts, ich bin ein politischer Flüchtling."

Winter antwortete: „Aber damit, liebe Kollegin, ist der Fall Mehmet nicht etwa abgeschlossen. Denn der scheint sich auf seiner kriminellen Laufbahn recht wohl zu fühlen – er macht nämlich genau so weiter, wie er sich von allem Anfang an in Österreich verhalten hat. Rauft. Randaliert. Läuft bewaffnet durch die Gegend. Bedroht Leute.

Wie Sie gerade gesagt haben: Niemand kann ihm etwas, jedenfalls können wir ihn nicht zurückschicken in die Türkei, denn mittlerweile hat er offiziell Flüchtlingsstatus.

Aber was er bis tief ins heurige Jahr hinein – jetzt haben wir September – noch alles angestellt hat, das werde ich jetzt nicht mehr vorlesen. Das kann, um diesen Bericht zu vervollständigen, ruhig ein paar Tage warten. Wir sollten diesen Abend damit beschließen. Es ist spät geworden, und Sie haben sich heute sehr viel angehört."

Es war, das hatten sie völlig übersehen, tatsächlich schon nach Mitternacht.

Sandra Michaelis sagte zu Helmut Winter: „So eine Einführung in einen neuen Job kann sich jeder nur wünschen, ich danke Ihnen sehr, Herr Hofrat. Das war viel mehr als nur ein Eindruck, den Sie mir hier vermittelt haben, das war ein Intensivkurs. Ich freue mich sehr, dass ich künftig mit Ihnen arbeiten darf. Bis Montag also, schönes Wochenende." Sie gab Winter die Hand und fügte hinzu: „Und vielen Dank für das wunderbare Essen."

Dr. Roman Kaiser meinte: „Ich danke dir auch, Helmut, das Essen war wie immer herrlich. Und zu Mehmet: Ich kannte diese Geschichte ja schon, so wie unzählige andere Fälle, aber den ganzen Abend über, deinen ganzen Vortrag lang hat es mich immer wieder gepackt: Wut und Empörung darüber, was der österreichische Staat seinen Beamten, Menschen wie dir und deinen Kollegen, zumutet, und für kriminelle Elemente reißt man sich den A… – du weißt schon. Wir haben das Sparpaket, jedes Jahr wird alles teurer. Die Krankenkassen sind verschuldet, bald werden die Österreicher sich nicht mehr leisten können, krank zu sein. Aber dafür kümmert man sich um irgendwelche dahergelaufenen Kriminellen wie um verlorene Kinder und hätschelt sie. Ich rege mich schon wieder auf, besser, ich gehe jetzt. Ich melde mich in den nächsten Tagen bei dir, schlaf gut."

Zu Sandra sagte er: „Wir können uns ein Taxi teilen, wenn es Ihnen recht ist. Wir haben den gleichen Weg."

Winter rief ein Taxi, begleitete die beiden zur Tür, wünschte ihnen gute Nacht und kehrte zurück in seine Wohnung. Die Küche war in Unordnung, der Esstisch nicht abgeräumt, das Wohnzimmer verraucht, und er hatte jetzt überhaupt keine Lust mehr, hier Ordnung zu machen. Morgen – wenn er auf die Uhr schaute, musste er feststellen: heute – war Samstag. Die Aufräumerei konnte also ebenso gut bis zum Vormittag warten.

Er nahm sich den verbliebenen Schluck Wein und noch eine letzte Zigarette, öffnete ungeachtet der Gelsen alle Fenster, um wenigstens kurz durchzulüften, und setzte sich auf seine Terrasse. Überall war es ruhig, im Haus schienen alle schon zu schlafen oder ins Wochenende gefahren zu sein; auch im Lokal von Antonio war es bereits still.

Roman hat Recht, dachte er. Die Österreicher sind viel zu wenig informiert über die ungeheuerlichen Vorgänge in unserem Land.

Irgendjemand müsste diese skandalösen Zustände endlich einmal aufdecken, und warum wirklich nicht ich?

Er drückte die Zigarette aus, stand auf, streckte sich und sagte halblaut zu sich selbst:
„Ich *werde* ein Buch schreiben. Morgen fange ich an."

13

Mitte Oktober 2004

„Michaelis, Moosbrugger, Mayr – die Besprechung beginnt in einer halben Stunde, Herr Hofrat", sagte Frau Ebner zu Helmut Winter, stellte ihm einen Teller mit selbst gebackenem Kuchen auf den Schreibtisch und eine große Kanne Kaffee dazu. „Und ich lasse sie nicht in Ihr Büro, bevor das hier erledigt ist." Sie deutete auf Kuchen und Kaffee. „Das läuft unter dem Titel Zwangsernährung – ich schau' mir nämlich jetzt seit Wochen jeden Tag an, dass Sie kein einziges Mal zum Essen gehen."

Helmut Winter schaute seine Sekretärin dankbar an. „Was würde ich ohne Sie tun, Gertrude?", sagte er. „Ich merke erst jetzt, dass das Hunger ist, was mich plagt. Ich danke Ihnen vielmals, und den Termin habe ich nicht vergessen."

Diesen Termin, dachte er, hätte ich gar nicht vergessen können. Sandras erste Einvernahme, die sie geführt hat, und gleich so ein Kandidat! Er goss sich eine Tasse Kaffee ein, biss mit Genuss in Frau Ebners Kuchen und musste sich eingestehen, dass er tatsächlich seit dem gestrigen Nachmittag keinen Bissen mehr gegessen hatte.

Um 15 Uhr kamen Sandra Michaelis und zwei weitere seiner Mitarbeiter, die sich anhören wollten, was ihre neue Kollegin bei ihrer ersten Einvernahme eines Asylwerbers erlebt hatte. Sandra hatte sich erstklassig eingearbeitet und zu ihren Kollegen sofort einen Draht gefunden. Mit den Herren Moosbrugger und Mayr, die sie nach Kräften unterstützten, hatte sie sich schon angefreundet, und über das Team wurde im ganzen Haus bereits überall nur sehr nett und anerkennend per „3 M" gesprochen.

Hofrat Winter bat die drei in sein Büro, bot ihnen Kaffee und Wasser an und sagte:

„Das ist einmal eine erfreuliche Ausnahme heute. Üblicherweise wird diese Art von Gesprächen ja von unserem Chef angeordnet", er wandte sich an Sandra. „Er nennt das ‚Intervision' und verspricht sich davon die totale Erleuchtung der Mitarbeiter, lach nicht so dreckig, Robert. Ich freue mich wirklich, dass ihr das von euch aus angeleiert habt, weil ihr so daran interessiert seid zu erfahren, wie es unserer neuen Kollegin bei ihrer ersten Einvernahme ergangen ist. Sandra, ich darf Sie bitten, die Geschichte einzuleiten."

Sandra Michaelis sagte: „Ich danke euch auch, Kollegen, dass ihr diese Besprechung hier angeregt habt. Ich würde mir, das habe ich schon gesagt, gerne auch von euch alles, was ihr mir nur erzählen wollt, berichten lassen – jeder einzelne Fall kann mir nur helfen und mich weiterbringen. Also:

Es geht um einen 25-jährigen Kurden, dem es nicht gelungen ist, nach seiner illegalen Einreise in Österreich innerhalb der EU-Staaten weiterzureisen.

Hofrat Winter hat mir diese Einvernahme übergeben, war aber anwesend, Gott sei Dank. Erschwert wurde die ganze Sache nämlich dadurch, dass diese höchst sonderbare Frau Helga von amnesty international dabei war, den Nachnamen habe ich sofort wieder verdrängt, irgendetwas mit Th...", sie schaute von einem Kollegen zum anderen, und beide verzogen die Gesichter. „Ich weiß", sagte sie, „dass euch diese Dame ein Begriff ist. Der Hofrat hat mich ja vorgewarnt, aber es ist nicht zu beschreiben, wie furchtbar diese Frau ist."

Robert Moosbrugger, ein ausgesprochen charismatischer Mensch und allseits überaus geschätzter Beamter, der schon seit einigen Jahren im Bundesasylamt tätig war, sagte: „Diese Dame, wie du sie freundlicherweise bezeichnest, Sandra, ist der Traum meiner schlaflosen Nächte, mir musst du die nicht beschreiben. Die ist irgendwo in der Zeitrechnung stehen geblieben, die misst alles an den Maßstäben des Jahres 1945. Unseren Antragstellern hier glaubt sie uneingeschränkt alles, und je pathetischer und aufgebauschter die Behauptungen sind, desto eher ist sie geneigt, sie ihnen abzukaufen. Sie vertritt alle Migranten völlig undifferenziert, das ist der Jammer."

Michael Mayr, der zweite, jüngere Beamte, der um diese Besprechung als Feedback gebeten hatte, fügte hinzu: „O ja, die Frau Helga – die macht unser Leben doch immer wieder schön bunt! Weißt du", wandte er sich an Sandra, „dass sie die ganze Zeit im Schubhaftgefängnis herumkrebst? Von dort bezieht sie ihre Mandanten und rät ihnen zu Asylanträgen. Ihren Nachnamen musst du dir gar nicht merken, sie ist allgemein und bei potenziellen Asylwerbern sowieso nur als ‚Frau Helga' bekannt und lässt sich mit Wonne auch so ansprechen. Giftige alte Schre...."

Sandra grinste und sagte: „Dank dir schön, Micha. Das hätte ich mich jetzt nicht zu sagen getraut. Aber es ist wahr. Sie ist während der gesamten Einvernahme dagesessen, hat mich angefunkelt wie der Zorn Gottes, und wie um zu demonstrieren, dass sie uns keinen Meter über den Weg traut, hat sie alles mitgeschrieben. Mit der Hand – und dabei kriegt sie ja sowieso ein Protokoll! Weißt du, wie nervenaufreibend das ist?"

Winter schaltete sich ein und meinte: „Das macht sie immer. Sie schreibt immer mit, es ist schon fast zum Lachen. Und das mit der Schre..., Michl, das würde ich Ihnen hier gern einmal bestätigen, weil wir unter uns sind. Diese Person ist einfach unerträglich.

Ich habe sie schon vor längerer Zeit – und zwar wirklich freundlich und höflich, das dürft ihr mir glauben – gefragt, ob sie nicht daran denkt, sich in den Ruhestand zurückzuziehen, sie ist ja doch schon ziemlich betagt, und das wäre, habe ich gemeint, angesichts ihres angeschlagenen Gesundheitszustandes sicherlich eine gute Entscheidung.

Wisst ihr, was sie mir geantwortet hat? Sie werde noch lang nicht krepieren! In diesem Text, bitte, und aggressiv, dass es nur so eine Freude war! Ich habe gedacht, im nächsten Moment springt sie mir ins Gesicht.

So, Sandra, jetzt haben wir Sie alle unterbrochen, entschuldigen Sie bitte."

Sandra Michaelis fuhr fort:

„Dieser Kurde, Sabri T., ist also illegal in Österreich eingereist und wollte weiter. Schon nach der deutschen Grenze war allerdings Endstation. Dort haben ihn die deutschen Kollegen aufgegriffen und nach Österreich rücküberstellt. Hier wurde er in Schubhaft genommen und stellte einen Asylantrag."

„Wie sie das halt alle machen, wenn ich das einmal anmerken darf", sagte Moosbrugger.

„Soweit ich bisher gesehen habe", erwiderte Sandra, „hast du damit wohl Recht. Dieser Kurde also: Im Verfahren ließ er sich von ,Frau Helga', um bei eurem Text zu bleiben, vertreten.

Vier Wochen nach seinem Asylantrag habe ich ihn einvernommen: nach einer theoretischen Einschulungsphase in Anwesenheit und unter Anleitung von Herrn Hofrat Winter, wie ihr wisst.

Wenn es euch recht ist, lese ich euch jetzt das Protokoll vor, mit Frage und Antwort – ja?"

Die drei Männer nickten zustimmend, und Sandra Michaelis begann vorzulesen.

Frage: Sind Sie legal oder illegal aus Ihrem Herkunfts-
land ausgereist?

Antwort: Ich bin illegal ausgereist.

Frage: Wurden Sie bei der Ausreise von Familienangehörigen begleitet?

Antwort: Ja, ich wurde von meiner Nichte begleitet.

Frage: Warum haben Sie kein Reisedokument mitgenommen?

Antwort: Es ist ein Problem, weil ich nicht zum Sicherheitsbüro gehen kann.
Ich habe einen Pass gehabt, den habe ich aber
vor drei oder fünf Monaten verloren.

Frage: Warum ist es ein Problem, wegen der Passaus-
stellung zum Sicherheitsbüro zu gehen?

Antwort: Ich bin bekannt. Man weiß, welche Ansichten
ich vertrete. Ich wollte dort nicht hin, ich wollte
keine Spuren hinterlassen. Die müssen nicht
wissen, wo ich hingehe. Ich bin Alewite und aktiver Kurde.

Frage: Was heißt aktiver Kurde?

Antwort: Ich kämpfte für die Kurden. Ich habe Propaganda gemacht. Ich habe auch plakatiert und mit
mehreren Leuten zusammengearbeitet. Hauptsächlich habe ich Propaganda gemacht.

Frage: Wie haben Sie Propaganda gemacht und für
wen?

Antwort: Als ich in der Schule war, habe ich mit den neuen Studenten Seminare abgehalten. Wir haben diese Leute zu Festen eingeladen. Wir haben Musik gemacht. Damals hat es die PKK gegeben. Wir haben von niemandem Befehl erhalten, aber so gearbeitet. In Burdur gibt es keine organisierte PKK.

Frage: Wann haben Sie Propaganda gemacht?
Antwort: Das war 1998/99, als ich mit dem Studium angefangen habe.

Frage: Über welche Länder sind Sie nach Österreich gekommen?
Antwort: Das weiß ich nicht. Wir waren im Lkw.

Frage: Was haben Sie für den Schlepper bezahlt?
Antwort: Ich habe 6.000 Euro bezahlt.

Frage: Wo hätte der Schlepper Sie hinbringen sollen?
Antwort: Wir sagten, in irgendein europäisches Land.

Frage: Sie wurden in Deutschland aufgegriffen. Wo wollten Sie hin?
Antwort: Der Schlepper ließ uns in Deutschland aussteigen. Wir lernten einen Mann kennen, der uns in seinem Pkw mitnahm. Ich habe dem Schlepper gesagt, dass ich nach Finnland wollte. Jetzt bin ich hier. Das geht auch.

Frage: Hatten Sie eine Aufenthaltsgenehmigung oder ein Visum für ein europäisches Land?

Antwort: Nein.

Frage: *Haben Sie schon irgendwo in Europa einen Asyl-*
              antrag gestellt?
Antwort: Nein.

Frage: *Haben Sie Verwandte in Europa?*
Antwort: In Stuttgart und in Essen habe ich Verwandte.
              Ein weiterer Verwandter ist irgendwo in einem
              europäischen Land. Er heißt Suleyman T.

Frage: *Waren Sie in Ihrer Heimat politisch oder religiös*
              tätig?
Antwort: Ich habe für die Kurden gekämpft und mich für
              ihre Rechte eingesetzt. Deshalb habe ich an der
              Kundgebung am 1. Mai am Newrous-Fest, am
              8. März, dem Weltfrauentag, am 16. März, dem
              Gedenktag des Massakers von Halabja, und am
              1. September, dem Weltfriedenstag, teilgenom-
              men.

Frage: *Was taten Sie konkret bei diesen Veranstaltun-*
              gen?
Antwort: In Adiyaman war ich 1998 beim Newrous-Fest.
              Es war nicht genehmigt. Ich schrieb die Parolen
              auf, die wir dort schreien sollten. Wenn man ver-
              haftet wird, ist es schwierig. 1999 war ich in
              Izmir bei der 1.-Mai-Kundgebung. Wir haben
              unter der HADEP-Fahne an der Demonstration
              teilgenommen. Wir haben Parolen geschrien.
              Wir haben geschrien, dass wir keine Türken sind.

Frage: Was war Ihre politische Aufgabe?

Antwort: Wir waren vier oder fünf Leute, die haben angefangen, für Öcalan zu schreien. Meine Aufgabe war es, die Massen, die teilgenommen haben, zu begeistern. Wir haben auch Flugblätter verteilt.

Frage: Wurden Sie einmal festgenommen?

Antwort: Ja, schon. Am 1. Mai 1999 wurde ich in Izmir festgenommen. Als die anderen Leute nach Hause gingen, wurde ich von der uniformierten Polizei festgenommen und den zivilen Polizisten übergeben. Wir waren zu zweit. Ich wusste nicht einmal, wo wir waren.

Frage: Wie lange waren Sie in Haft?

Antwort: Drei Tage.

Frage: Wie ist diese Haft verlaufen?

Antwort: Wir sollten zugeben, dass wir Mitglieder der PKK sind. Wir haben das aber abgelehnt. Dann haben sie uns gefoltert und sexuell belästigt.

Frage: Waren Sie Mitglied der PKK?

Antwort: Nein, ich war nur Sympathisant. Ich habe keine Waffe in der Hand gehabt.

Frage: Was passierte nach den drei Tagen?

Antwort: Wir wurden entlassen. Im Messegelände in Izmir wurden wir wieder freigelassen.

Frage: Sind Sie noch einmal festgenommen worden?

Antwort: *Ich bin fast jeden Tag in Gewahrsam genommen und nach ein paar Stunden wieder entlassen worden.*

Frage: *Was wurde Ihnen vorgeworfen?*

Antwort: *Wir haben uns nach unserer Tradition angezogen. Wir haben uns ein Tuch um den Hals gebunden, und deshalb wurden wir wegen Terrorismus festgenommen. Einmal wurde ich von der Universität entführt. Es war am Abend, nach 20 Uhr, als ich die Universität in Burdur verlassen habe. Zwei Personen in Zivil, in einem Opel, wollten mich um eine Auskunft fragen. Bei diesen Personen handelte es sich wahrscheinlich um Leute einer Spezialeinheit. Sie zerrten mich in das Auto und hielten mir ein Tuch über Mund und Nase, sodass ich ohnmächtig wurde. Auch meine Augen wurden mir verbunden, und ich wurde mit Faustschlägen und Fußtritten misshandelt. Die Leute hatten getrunken. Sie drückten Zigaretten auf meiner rechten Hand aus. Sie haben mir verdünntes Joghurt mit Salz und Wasser gegeben. Und sie wollten mir einen Zehennagel mit der Zange ziehen.*

Sandra unterbrach ihren Vortrag, griff nach ihrer Zigarettenpackung und schaute fragend auf Helmut Winter, der sagte: „Nur zu. Ich nicht. Ich habe heute erst eine einzige Zigarette geraucht."

Sandra meinte: „Wie Sie bei dieser Arbeit hier auch nur daran denken können, mit dem Rauchen aufzuhören, kann ich nicht nachvollziehen. Ich habe Sie schwer im Verdacht, Sie wollen Dr. Kaiser bereits als Nichtraucher in Italien besuchen."

Robert Moosbrugger hakte ein und sagte: „Das haben wir auch gerade noch dringend gebraucht, was? Dass Roman weggegangen ist. Also ich vermisse ihn sehr."

Winter nickte und sagte: „Er fehlt uns allen. Er war einfach der beste Supervisor, den wir je hatten."

Sandra nahm das Protokoll wieder in die Hand und fragte: „Soll ich weitermachen?"

Alle drei nickten wieder, und sie setzte fort.

14

„Sie haben ihn also misshandelt, sagt er. Getreten, mit Fäusten geschlagen.

Er hat auf eine Narbe an der Stirn gezeigt, außerdem auf seine rechte Hand, an der jeweils zwischen den Fingern Brandnarben sind.

Aber das ist vergleichsweise noch das Harmloseste. Ich lese weiter aus dem Protokoll."

Frage: *Hat sich das alles im Auto abgespielt?*

Antwort: *Ich habe Ihnen gesagt, dass ich ohnmächtig war. Als ich wieder zu mir gekommen bin, war ich wieder in meiner Wohnung. Meine Augen waren nach wie vor verbunden. Höchstwahrscheinlich war das ein verlassenes Lager. In der Zwischenzeit ist mein Vater gestorben. Ich habe Lager gesagt, weil sie die Leute auf verlassene Plätze bringen.*

Frage: *Wann konnten Sie diese Wohnung bzw. dieses Lager wieder verlassen?*

Antwort: *Als sie meinen Zehennagel zu ziehen versuchten, war ich noch ohnmächtig. Als ich wieder zu mir kam, war ich am Ufer des Burdur-Sees. Mein Gesicht war blutig. Ich war mit dem Studium fertig, und sie sagten, dass das meine Abschiedsparty gewesen sei.*

Frage: Ist noch etwas passiert?

Antwort: Zum Schluss, als ich mit dem Studium fertig war, fuhr ich nach Adiyaman. Ich bin Atheist, und deshalb hatte ich mit den religiösen Leuten Probleme. Sie schnitten mir einfach den Weg ab und nannten mich ein Schwein.

Frage: Welche religiösen Leute waren das?

Antwort: Diese Leute hatten einen Bart und waren von einer Sekte. Es gibt die Hisbollah und mehrere Sekten. Es sind alles Terroristen. Ich wurde jeden Tag beschimpft. Aber ich will jetzt erzählen, dass und wie ich entführt wurde.

Frage: Warum wussten diese Leute, dass Sie Atheist sind? Sie haben doch eingangs angegeben, dass Sie Alewite sind. (Anmerkung des Einvernahmeleiters: Die Alewiten stellen in der Türkei die zweitgrößte Religionsgemeinschaft dar.)

Antwort: Weil wir diskutiert haben. Ich habe an Podiumsdiskussionen teilgenommen.

Frage: Was ist also an diesem Tag passiert?

Antwort: Es war Nacht, es nieselte, ich spazierte hinter unserem Haus auf dem freien Gelände, als mich jemand ansprach. Ich dachte, dass es ein Genosse von mir sei. Er verwickelte mich in ein Gespräch. Dann hat mich jemand von hinten in ein Auto gestoßen. Zwei Leute hielten mir den Mund zu. Gleichzeitig wurde ich auf den Boden gedrückt, dann fuhr das Auto los. Ich wurde beschimpft, dass ich ein Atheist und Kommunist bin. Sie brachten mich auf ein dunkles Gelände und sagten mir, dass ich nicht wie ein Mensch sterben werde, sondern wie ein Schwein. Sie banden mir meine Hände fest, legten mir ein Seil um den Hals und um meine Füße. Wenn man müde wird, wird die Schnur immer enger und man wird erwürgt. Zwei Stunden habe ich so auf das Sterben gewartet. Es hat geregnet, und die Schnur ist nass geworden, sodass ich mich befreien konnte. Dann bin ich auf die Autobahn gegangen, aber niemand wollte mich mitnehmen. Mein Vater ist gestorben, und so wollte ich nicht mehr in der Türkei bleiben. Ich wollte hauptsächlich nach Europa, um hier meine Doktorarbeit zu schreiben. Das ist mein Hauptziel.

Frage: Von wem wurden Sie entführt?

Antwort: Von diesen religiösen Leuten. Ich wollte diesen Vorfall bei der Polizei anzeigen, doch die Polizisten haben mich ausgelacht. Sie sagten: „Warum bist du nicht gestorben?" Wenn man in der Türkei arbeitet und etwas Gutes tut dann gefährdet man sein Leben.

Frage: Hatten Sie jemals offiziell Schwierigkeiten mit Behörden in Ihrer Heimat?

Antwort: Wenn man zur Behörde geht und sich einen Personalausweis ausstellen lassen will, wird man als zweite Klasse behandelt.

Frage: Werden Sie von den Behörden in der Türkei gesucht?

Antwort: Meine Mutter hat mir telefonisch mitgeteilt, dass ich gesucht werde.

Frage: Von wem werden Sie gesucht und warum?

Antwort: Ich werde von der Polizei gesucht, ich weiß nicht, warum. Ich wurde ein paar Mal festgenommen. Die finden immer einen Anlass.

Frage: Seit wann werden Sie gesucht?

Antwort: Seit ich hier in Haft bin. Mein Vater ist gestorben. An diesem Tag sind sie auch gekommen und haben versucht, mich in Gewahrsam zu nehmen. Aber meine Verwandten haben das nicht zugelassen. Das Gesundheitssystem in der Türkei ist sehr schlecht, und deshalb ist mein Vater gestorben.

Frage: Wurden Sie dann festgenommen oder nicht?

Antwort: Nein, meine Verwandten haben die Festnahme verhindert.

Frage: Wie konnten Ihre Verwandten die Festnahme verhindern?

Antwort: Sie sagten, dass mein Vater verstorben ist und sie deswegen Respekt zeigen sollten. Vielleicht haben ihnen meine Verwandten auch Geld gegeben. Meine Nichte ist Zeugin. Sie kann das bestätigen.

Sandra schaute von der Akte auf und sagte zu ihren Kollegen: „Ist das nicht unfassbar? Und die ganze Zeit ist diese Frau Helga dabeigesessen und vor Mitleid fast gestorben.
Dabei war mir sofort klar, dass der Typ lügt, dass es nur so kracht. Der hat, als er seinen Schweinetod beschrieben hat, mit keinem Ohr gewackelt.
Zwei Stunden Todesangst – das *kann* man doch nicht völlig ungerührt erzählen, oder? Aus den zwei Stunden sind dann übrigens zweieinhalb geworden, das kommt noch."

Michael Mayr sagte: „Wir kennen das alles, Sandra, mehr oder weniger dramatisch vorgebracht.
In den meisten dieser Fälle stellt sich schließlich heraus, dass sie keine Papiere haben, weil sie sie einfach weggeschmissen haben, und dass sie in allem, was sie sagen, lügen, dass sich die sprichwörtlichen Balken biegen. Dass niemand in ihrer Heimat ihnen irgendwas will oder tut – sie wollen einfach weg von dort. Das kann man ja bis zu einem gewissen Grad verstehen, aber so geht es halt auch nicht."

Sandra sagte: „Ab diesem Punkt hat ihn Herr Hofrat Winter weiter befragt." Sie wandte sich an Helmut Winter und fragte: „Soll ich weiter vorlesen?"

Winter antwortete: „Ja, bitte."

Frage: *Seit wann sind Sie Atheist?*
Antwort: Seit 7 oder 8 Jahren.

Frage: *Warum haben Sie angegeben, dass Sie Alewite sind?*

Antwort: Ich komme aus einer alewitischen Familie. Das ist eine philosophische Anschauung.

Frage: Sie haben in der Niederschrift bei der Fremdenpolizei angegeben, dass Sie die Türkei aus wirtschaftlichen Gründen verlassen haben. Was sagen Sie dazu?
Antwort: Das habe ich nicht gesagt.

Frage: Was denken Sie, wie die Beamten darauf gekommen sind?
Antwort: Das weiß ich nicht, alle Menschen machen Fehler.

Frage: Warum haben Sie Ihre Unterschrift auf der Niederschrift bei der Fremdenpolizei verweigert?
Antwort: Weil mir nichts übersetzt worden ist.

Frage: Sie haben in dieser besagten Niederschrift auch angegeben, dass Sie gemeinsam mit Ihrer Cousine wieder auf dem Luftweg in die Türkei abgeschoben werden wollen. Was sagen Sie dazu?
Antwort: Das habe ich nicht gesagt.

Frage: Schildern Sie bitte noch einmal Ihre Entführung.
Antwort: Es war etwa 20 Uhr, als ich hinter unserem Haus herumspaziert bin. Es nieselte. Es vergingen etwa 15 Minuten, als ein Auto kam und die Insassen mich mit „Heval" (Freund) ansprachen. Ich glaubte daher, es seien meine Freunde.

Ich wurde in ein Gespräch verwickelt. Zwei Personen haben mich dann in ein Auto gestoßen. Wir sind rund eineinhalb Stunden gefahren und in einem Gelände angekommen, wo sie mir sagten, dass ich nun wie ein Schwein sterben muss, weil ich ein schmutziger Kommunist bin. Sie haben mir eine Schnur um den Hals gelegt und meine Hände auf dem Rücken mit den Füßen zusammengebunden. Das wird der Schweinetod genannt. Die Schnur um den Hals ist mit der Schnur auf dem Rücken verknüpft, sodass es einen Mechanismus gibt. So habe ich zweieinhalb Stunden auf den Tod gewartet. Dann habe ich es aus eigener Kraft geschafft mich zu befreien.

Anmerkung: Der Antragsteller wurde bei diesen Schilderungen genau beobachtet. Er zeigte keinerlei Realzeichen.

Frage: Wann wurden Sie von diesen Personen wieder verlassen?
Antwort: Nachdem sie mich festgebunden hatten.

Frage: Was können Sie über diese Personen angeben?
Antwort: Es sind Terroristen.

Frage: Wo haben Sie die Zeit nach Ihrer Entführung verbracht?
Antwort: In Adiyaman, in Istanbul und in Burdur. Aber hauptsächlich in Adiyaman. Nach Istanbul bin ich nur wegen des Schleppers gefahren.

Frage: *Können Sie stichhaltige Gründe angeben, dass*
            Sie im Falle Ihrer Rückkehr in die Türkei Gefahr
            laufen, dort einer unmenschlichen oder erniedri-
            genden Behandlung oder Strafe unterworfen
            zu werden? Was würde Ihnen allenfalls passie-
            ren?
Antwort: *Ich habe Angst, wenn ich jemanden mit einem*
            Bart sehe.

Robert Moosbrugger lachte laut auf und nahm sich
noch eine Tasse Kaffee. „Das ist ja wohl mit Abstand das
Allerbeste, was ich seit langem gehört habe", meinte er.
„Er hat Angst, wenn er jemanden mit einem Bart sieht.
Das wird sich aber in Österreich möglicherweise auch
nicht vermeiden lassen, fürchte ich, und was dann?"

Sandra sagte: „So etwas Ähnliches habe ich mir auch
gedacht. Weißt du, was ich mich frage? Für wie dämlich
halten die uns eigentlich?
Der erzählt mir da die Geschichte vom Schweinetod, völlig
emotionslos, und dann sagt er mir noch diesen Mist mit
den bärtigen Männern. Ja aber hallo!
Und die Frau Helga sitzt daneben und krümmt sich vor
lauter Erbarmen, und mir hat sie wohl angesehen, dass ich
ihm seine Erzählung nicht abgekauft habe. Ich lese euch
den Rest noch vor, ich bin bald fertig."

Frage: *Sie haben auch angegeben, dass Sie sexuell*
            belästigt wurden. Wollen Sie auch darüber etwas
            sagen?
Antwort: *Ich wurde von der Polizei entführt und nackt*
            ausgezogen. Sie haben mich ausgelacht und

gesagt, dass ich nicht mit meiner Freundin schlafen kann.

Frage: *Möchten Sie noch weitere Angaben machen?*
Antwort: *Wenn ich etwas Allgemeines sagen darf, dann möchte ich noch hinzufügen, dass es in der Türkei kein demokratisches System gibt. Es wird nicht praktiziert. Es gibt nur auf dem Papier einige Gesetze. Ich habe bei den letzten beiden Wahlen die HADEP gewählt. Ich will nicht zum Militär gehen. Ich müsste aufgrund meines Studiums als Offizier eintreten und mit meinen Soldaten gegen die Guerillas kämpfen.*

„So", sagte Sandra zu ihren Kollegen. „Das war's. Danke, dass ihr euch das alles angehört habt.
Wisst ihr, ich verstehe ja, dass es den Leuten in solchen Ländern nicht gut geht, ehrlich. Aber die können doch nicht alle zu uns kommen! Ich meine: Er will nicht zum Militär. Ich kenne in Österreich Leute, die haben auch keine Freude, dass sie zum Bundesheer müssen, aber die hauen doch auch nicht einfach ab in ein anderes Land!"

Moosbrugger sagte: „Das ist es ja, Sandra, was unsere Arbeit hier so schwierig macht. Uns geht's ja überhaupt nicht darum, irgendwelchen Leuten weh zu tun.
Aber du hast es gerade gesagt: Die *können* nicht alle zu uns kommen! Wir sind alle, und zwar ausnahmslos", er wandte sich an Winter, „du stimmst mir da sicher zu, Helmut, dafür, dass verfolgten Menschen geholfen wird. Aber solche Typen da, denen es nur nicht mehr passt in ihrer Heimat, die daherkommen und uns irgendwelche Lügengeschich-

ten erzählen – denen kann man doch nicht wahllos Asyl gewähren."

Helmut Winter meinte: „Genau darum geht's, Robert. Das habe ich Sandra von allem Anfang an gesagt. Auch wenn man uns das dort und da gern unterstellen möchte: Wir sind hier nicht die Bösen. Und Sie", er schaute die junge Steirerin an, „haben sich ohnehin großartig gehalten bei dieser ersten Einvernahme. Außerdem haben Sie ein gutes Gespür dafür, wann Sie angelogen werden."

Sandra sagte: „Das finde ich auch, ich spüre so etwas sofort, und ich schaue auch auf die Körpersprache. Aber danke, dass Sie das sagen. Ich muss noch etwas loswerden: Solche Menschen beleidigen meine Intelligenz. Einer, der sich ständig in Widersprüche verwickelt, sollte doch wenigstens auf die Idee kommen, dass einem anderen das auffallen könnte.
Zuerst sagt er, er war in seiner Wohnung, als er nach dieser Ohnmacht zu sich gekommen ist. Dann sagt er, er war an einem See.
Er erzählt uns etwas völlig anderes, als er bei der Fremdenpolizei angegeben hat, und streitet es eiskalt ab. Sagt, unsere Beamten haben sich geirrt, sagt, nichts ist ihm übersetzt worden. Ist ja vorn und hinten nichts davon wahr. Der erzählt mir hier einen vom Pferd, und diese unsägliche Frau Helga sitzt daneben und glaubt ihm den geballten Schwachsinn, ja wie jetzt?"

Michael Mayr sagte: „So geht das hier Tag für Tag, Sandra. Das ist nicht die Ausnahme, das ist die Regel. Ein Großteil der Antragsteller ist einfach eine verlogene

Bande, da ist leider wenig dagegen zu sagen. Abgesehen davon, dass wir in der Öffentlichkeit sowieso nicht über unsere Arbeit und diese Leute reden dürfen, *könnten* wir das gar niemandem erzählen, weil uns keiner glaubt, was sich hier abspielt.

Aber ich kann Hofrat Winter nur zustimmen: Du hast das schon ganz gut auf der Reihe, dich wird das nicht so schnell umhauen."

Sie tranken ihren Kaffee aus und vereinbarten, dass sie abseits der „von oben" angeordneten internen Besprechungen sich auch weiterhin verstärkt untereinander besprechen und beraten würden.

Helmut Winter war mit dem Verlauf dieses Nachmittags hoch zufrieden.

Er bedankte sich bei Gertrude Ebner noch einmal für ihre Sorge um ihn und dafür, dass sie ihn – wie sie gesagt hatte – zwangsernährt hatte, und sagte: „Ich bin sehr froh, dass unsere Leute so motiviert sind. Von sich aus, ohne jede Anweisung, regen sie Besprechungen an. Und Sandra ist ein großer Gewinn für uns. Sie ist bei den Kollegen sehr beliebt, sie ist freundlich, höflich, gescheit und hat eine auffällig ausgeprägte Sozialkompetenz. Ich hoffe sehr, sie bleibt bei uns."

Er beschloss, heute Abend wieder einmal bei Antonio vorbeizuschauen und sich ein schönes, gemütliches Abendessen im „Vino Rosso" zu gönnen. Franco würde ihm ganz bestimmt etwas ganz Besonderes kochen. Frau Ebner hatte Recht: Er aß höchst schlampig, und er verbrachte viel zu viel Zeit im Büro.

15

Ende November 2004

Als Helmut Winter nach einem frühen Termin außer Haus gegen neun Uhr in sein Büro kam, fand er in seinem Computer eine E-Mail von Sandra Michaelis' privater Mailadresse.

Sie hatte zwei Dokumente angehängt und geschrieben: Wenn Sie das gelesen haben, bitte ich um einen Termin bei Ihnen, gemeinsam mit Robert und Michael. Außerdem: Schauen Sie bitte nach unter *www.ozgurpolitika.org*. Sandra Michaelis.

Er öffnete den Anhang und las:

DIE ZEIT, 18. *November 2004*

„Vor den Trümmern des großen Traums – Warum selbst in den Niederlanden, dem Mutterland der Toleranz, die islamischen Vorstellungen von Respekt und Ehre mit westlichen Werten nicht harmonieren können." Der Verfasser dieses Artikels, Leon de Winter, ist einer der angesehensten Schriftsteller in den Niederlanden. Seine Eltern waren orthodoxe Juden und überlebten den Holocaust.

Am Morgen des 2. November 2004 wurde Theo van Gogh, der umstrittene niederländische Regisseur und

Polemiker, in Amsterdam von einem islamischen Fanatiker ermordet. Der Mord wurde rituell ausgeführt. Nachdem der Mörder van Gogh niedergeschossen hatte, schnitt er ihm die Kehle durch und hinterließ einen Brief auf van Goghs Leiche. Der Brief war mit einem Messer am Körper festgesteckt.

In den Niederlanden laufen die Diskussionen nach van Goghs Tod Gefahr, zwei grundverschiedene Phänomene zu vermengen: das Problem der Meinungsfreiheit, die van Gogh praktisch für grenzenlos hielt, und das Problem des radikalen Islams.

Offenbar wurde van Gogh nicht als extremer Repräsentant einer – in den Augen eines fanatischen Muslimen – libertären, hedonistischen, gottlosen, profanen Gesellschaft umgebracht (in der die Muslime „gedemütigt" werden), sondern als symbolischer Vertreter von Ayaan Hirsi Ali. Liest man den Brief des Mörders – „Dies ist ein offener Brief an die atheistische Fundamentalistin Ayaan Hirshi Ali" (er gibt Hirsi fälschlicherweise ein zusätzliches h) –, öffnet sich eine Welt wundersamer Verschwörungstheorien und eines übertriebenen, verzweifelten Hasses. Obwohl der Mörder in den Niederlanden aufwuchs, enthüllt sein Brief ein Denken, das von Beginn an in der beduinisch-arabischen Kultur von Ehre und Scham des 7. Jahrhunderts bestimmt wurde.

Der Mörder, Mohammed B., ist 26 Jahre alt, in Amsterdam geboren und aufgewachsen. Nach den Anschlägen vom 11. September wandte er sich immer radikaleren

Ideen zu. Als eine seiner Schwestern einmal ohne die Erlaubnis der Familie fortgelaufen war, schwor er, sie umzubringen.

Der Brief beginnt mit der traditionellen Lobpreisung Allahs, Mohammeds und des „Emirs der Mudschaheddin", womit wohl Osama bin Laden gemeint ist. Im ersten Absatz beschuldigt der Mörder Ayaan Hirsi Ali, den wahren Glauben verraten zu haben. Hirsi Ali war aus ihrem Heimatland Somalia vor einer arrangierten Ehe geflüchtet, ist inzwischen Abgeordnete des niederländischen Parlaments und eine Berühmtheit, nachdem sie öffentlich erklärt hatte, sie habe dem Islam den Rücken gekehrt.

Der Mörder beschreibt ihren Verrat, aber so, als überrasche ihn das gar nicht. „Als Soldatin des Bösen tust du nur deine Arbeit." Dieses Böse sei das Werk der Juden, schreibt er. Er wirft Hirsi Ali vor, Muslime zu verführen, ihrem Glauben ebenfalls zu entsagen.

Der Brief verwendet eine Reihe von Begriffen, die überall in der arabisch-islamischen Kultur gebräuchlich sind: Demütigung, Ehre, Respekt, Rache. Diese Begriffe sind mehr als nur das Fundament der Philosophie von van Goghs Mörder; sie bilden die Wurzel der zahlreichen Krisen in der arabisch-islamischen Welt.

Der Ton des Briefes von van Goghs Mörder zeigt, dass dieser in seiner Jugend nicht die niederländische individualistische Kultur der persönlichen Verantwortung übernommen hat, sondern vielmehr die Schamkultur der

Heimat seiner Eltern. Was die Frage offen lässt, ob Menschen, die in der traditionellen arabisch-islamischen Schamkultur aufgezogen wurden, überhaupt in der Lage sind, an der komplexen, an persönlicher Disziplin und persönlichem Urteil orientierten niederländischen Gesellschaft teilzuhaben, ohne auf ernsthafte Anpassungsschwierigkeiten zu stoßen.

Rückblickend hatte niemand in den Niederlanden eine Vorstellung von der Demütigung, die der Übersiedlung von Menschen aus den traditionellen islamischen ländlichen Regionen in die Fabriken der prosperierenden niederländischen Provinzen innewohnte, wo sie mitten in einer Kulturrevolution steckten, von der sie ausgeschlossen waren. Die tiefe Kluft, die sie von ihrer neuen Umgebung trennte, war zu breit, um sie in einer Generation zu überbrücken.

Was die erste Generation ihren Kindern hinterließ, war etwas, was viele Niederländer gar nicht bemerkten: Groll. Bei vielen der zweiten Generation führte das Gefühl von Demütigung und mangelndem Respekt dazu – zumal angesichts der häufig schmutzigen, unterbezahlten Arbeit, die ihre Eltern und sie für Ungläubige und Christen leisteten –, dass sie das Problem der langsamen gesellschaftlichen Integration in ideologischen und religiösen Kategorien definierten: Zunehmend warfen sie der niederländischen Gesellschaft vor, sie würden wegen ihrer Religion, Kultur und Herkunft diskriminiert. Zwar gab es Diskriminierung durchaus auf dem Arbeitsmarkt, doch die Ablehnung der Muslime aus religiösen Gründen war äußerst selten. Dennoch betrachteten die Muslime die Islamphobie als den Hauptgrund ihres gesellschaftlichen Scheiterns.

Auffallend an dem Brief von van Goghs Mörder ist der Hass auf die Abtrünnige. „Indem du deine Religion aufgegeben hast, hast du dich nicht nur von der Wahrheit abgewandt, du hast dich auch in die Armee des Feindes eingereiht“, schreibt er. Abtrünnigkeit ist die schlimmste Sünde. In einer Welt, in der man als Einzelner schlicht nicht überleben kann, kämpfen die Stämme in heftigen Auseinandersetzungen um die knappen Ressourcen. Daher impliziert das Verlassen des Stammes per definitionem Verrat und Überlaufen zu einem feindlichen Stamm. Es fordert die Todesstrafe, eine Strafe, die der Islam institutionalisiert hat.

Die traditionellen Muslime leben in einer von Geistern bevölkerten Welt. Auch wenn sich der Islam als streng monotheistische Religion darstellt, ist er doch voller präislamischer Symbole, Rituale und Praktiken; der Koran und andere muslimische Texte sind voller übler Beschimpfungen gegen Häretiker und Ungläubige.

In der Schamkultur, in der viele Muslime aufwachsen, führt ein Verlust von Ehre und Würde gerade bei den Söhnen zu Scham und Gesichtsverlust, und das gilt es um jeden Preis zu vermeiden. Niemals eine Lüge einräumen, niemals eine Schwäche zugeben, niemals scheitern, niemals straucheln, niemals Verantwortung übernehmen. Die Amsterdamer Polizei kennt das Problem allzu gut.

*Junge Verdächtige islamischer Herkunft bestreiten stör-
risch alles, selbst wenn sie auf frischer Tat mit einem
Rucksack voller gestohlener Süßigkeiten erwischt worden
sind. Eine Schuld eingestehen hieße, dass man Scham
empfindet und dass die Gruppe das Gesicht verliert.*

*Das Gefühl von Demütigung und die Furcht, in der nie-
derländischen Gesellschaft nie richtig aufgenommen zu
werden, genügt, um bei jungen Muslimen einen Prozess
der Radikalisierung auszulösen und eine völlig unrealisti-
sche Selbstüberhöhung zu schüren: Der wahre Muslim ist
der vollkommene Mensch und dazu ausersehen, die Welt
zu beherrschen. Dieses Gefühl von Demütigung – obwohl
man ja überlegen ist – führt unausweichlich zu Rache-
fantasien.*

*Als Einzelner vereint van Goghs Mörder Mohammed B.
in sich die schlimmsten Aspekte der Probleme, denen sich
die gesamte arabisch-islamische Welt gegenübersieht. Es
ist, als wäre er nicht in West-Amsterdam aufgewachsen,
sondern in Falludscha. Mohammed B.s Radikalisierung
wurde schon in seiner Jugend angelegt und mit Gedanken
und Normen genährt, die der heutigen, nichtreligiösen
niederländischen Gesellschaft vollkommen fremd sind.*

*In einem liberalen Rechtsstaat wie den Niederlanden
kann die Regierung nicht so eingreifen wie Eltern, die
ihren Kindern ihre religiösen, emotionalen und existenzi-
ellen Werte vermitteln. Doch wenn die Gefahr besteht,
dass Familien, die unter den hier in groben Zügen darge-*

stellten Problemen leiden, potenzielle Terroristen hervor-
bringen, die nicht nur bereit sind, einzelne „Gottesläste-
rer" wie Theo van Gogh niederzuschießen, sondern ganze
Städte wegen ihres irreligiösen Gepräges zu zerstören,
sollten wir uns überlegen, wie wir die moralischen und
ethischen Familienstrukturen islamischer Einwanderer
und ihrer Kinder beeinflussen können. Wie man das
machen soll, wie das mit dem System unseres Rechtsstaa-
tes vereinbart werden kann, das lässt sich gegenwärtig
unmöglich sagen. Einfacher wird die Sache jedenfalls
nicht.

Winter öffnete das zweite Dokument, das Sandra
angehängt hatte, und sah, dass es ein weiterer Auszug aus
der ZEIT war, ebenfalls vom 18. November, und das war,
hatte sie angemerkt, die Geschichte auf der Seite 1:

Die Tücken der Toleranz – Wie sich Staat und muslimische Minderheit in Deutschland begegnen müssen. Von Jens Jessen

Wie viel multikulturelle Toleranz verträgt die Gesell-
schaft? Nicht erst der Mord an dem niederländischen
Filmemacher Theo van Gogh, von dem sich radikale Mus-
lime in ihrer religiösen Ehre verletzt fühlten, hat die
Frage aufgeworfen, wie mit Minderheiten umzugehen ist,
denen unsere Kunstfreiheit und Religionsfreiheit, ganz
allgemein die Freiheiten der westlichen Lebensart ver-
hasst sind. Auch die Mühsal, die es hierzulande bereitete,
den Kölner Hassprediger Kaplan auszuweisen, hat ge-
zeigt, dass sich der liberale Rechtsstaat in einer eigentüm-
lich hilflosen Situation gegenüber seinen Feinden befindet.

Damit kein Missverständnis entsteht: Die Mühsal der Ausweisung ehrt den Rechtsstaat. Es macht nachgerade seinen Kern aus, dass er Rechtsschutz auch denen spendet, die ihn abschaffen wollen. Denn darüber darf es keine Illusion geben: Die Islamisten wollen ihn durch einen Staat nach ihren religiösen Vorstellungen ersetzen. Schon klagen manche Juristen, dass in den Prozessen, mit denen muslimische Eltern die Befreiung ihrer Töchter vom Sportunterricht durchsetzen, Elemente der Scharia, des islamischen Rechts, in unser Rechtssystem eingeschleust werden.

Die Toleranz, mit der wir den Minderheiten teils freudig, teils missvergnügt begegnen, hat offenbar Schwierigkeiten, ihre Grenzen zu finden, und zwar auch dort, wo nach einer Faustregel jede Toleranz enden darf: nämlich bei der Intoleranz der anderen. Wir können den Bau von Moscheen tolerieren, nicht aber, dass in ihnen Hass auf die deutsche Gesellschaft gepredigt wird. Umgekehrt können Muslime fordern, dass sie von christlichen Hasspredigten verschont bleiben, nicht aber, dass wir uns von der Kultur des Spottes verabschieden, der im Rahmen der Kunst erlaubt ist.

Man muss, um die Anpassung der muslimischen Minderheit an unsere Gesellschaft zu fordern, nicht den Begriff der Leitkultur einführen. Es geht im Konflikt mit der muslimischen Minderheit überhaupt nicht um Kultur. Es geht um den Staat und darum, was der Bürger in ihm tun oder lassen kann.

Die westlichen Gesellschaften sind zwar in hohem Maße bereit, die abweichende Lebensführung der islamischen Minderheiten zu dulden; bis hin zu Dingen, die sie schon nicht mehr dulden sollten, die Gewalt in den Familien, die Entmündigung, oft beispiellose Entrechtung der Frau. Nicht aber ist unsere Gesellschaft bereit, auf die eigene Rede- oder Kunstfreiheit oder die Gleichberechtigung der Geschlechter zu verzichten, und zwar auch dort nicht, wo sie für Muslime schwer erträglich wird. Eine solche Beschränkung ist für unsere Gesellschaft auch gar nicht denkbar, weil sie in den Kern unserer Freiheiten eingriffe.

Der liberale Rechtsstaat schützt die Minderheiten voreinander und alle zusammen vor der Mehrheit; daher muss ihm auch zugestanden werden, die Mehrheit vor einer herrschsüchtigen Minderheit zu schützen.

Winter zog seine Schreibtischlade auf, griff nach seiner Zigarettenpackung, legte sie wieder zurück und war sehr zufrieden mit sich.

Er diktierte noch zwei Briefe, erledigte drei Telefongespräche und rief dann Sandra Michaelis in ihrem Büro an und sagte: „Danke für die Geschichten aus der ZEIT. Wenn Sie im Lauf des Vormittags Zeit haben, könnt ihr drei jederzeit bei mir hereinschauen."

16

Sandra war schon nach einer Viertelstunde in Winters Büro und sagte: „Das ist mich am Wochenende angesprungen, da finde ich am ehesten Zeit, diese dicke Zeitung zu lesen. Es hatten sich sowieso schon wieder zwei Exemplare ungelesen angesammelt. Da habe ich diese zwei Beiträge gleich absatzweise abgeschrieben und an Sie gemailt."

Die Tür ging auf, und Michael Mayr und Robert Moosbrugger traten ein.

„Sandra hat uns gesagt, dass wir zu einem Gespräch zu dir kommen dürfen", sagte Robert Moosbrugger zu Winter. „Sie hat uns heute Früh schon diese Zeitungsberichte gezeigt – und sie sagt, sie hat noch einen ‚Hammer' auf Lager."

Sandra wandte sich an Helmut Winter.

„Darüber", meinte sie, „haben wir schon an meinem ersten Abend, in Ihrer Wohnung, gesprochen, wissen Sie noch? Ich habe den Kollegen schon erzählt, dass Sie mich gleich zum Einstand gemeinsam mit Dr. Kaiser zum Essen eingeladen haben. Die Integration muslimischer Einwanderer. Auch in den Niederlanden – und das ist ein bekannt liberales Land – fragen sich die Menschen langsam, wie das zu schaffen sein soll mit der Integration der muslimischen Bevölkerung. Leon de Winter ist schließlich nicht niemand, kennen Sie seine Bücher?"

Winter antwortete: „Einige, ja. Ich habe ‚Zionoco' gut in Erinnerung, vorher habe ich auch irgendetwas von ihm gelesen, ich erinnere mich im Moment nicht an die Titel, und zuletzt ‚Sokolows Universum'. Seine neueren Bücher kenne ich nicht, der schreibt ja recht fleißig."

„Das ist ganz schlimm, es ist erschreckend", sagte Sandra, „was da passiert ist in Holland. Da geht so ein muslimischer Fundi her und erschießt Theo van Gogh. Damit nicht genug, schneidet er ihm auch noch den Hals durch und steckt einen Brief mit einem Messer an der Leiche fest. Das ist schon wieder wie eine Szene aus einem lausigen Krimi, aber es ist leider tatsächlich passiert!"

„Ja, es ist erschütternd", stimmte Winter ihr zu, „und Leon de Winter überlegt völlig richtig: Die Regierung kann in Familienstrukturen nicht eingreifen, das gilt auch für Österreich. Und es wird natürlich nicht einfacher, es wird eher schwieriger."

Sandra meinte: „Mir hat auch gut gefallen, was Jens Jessen über die Situation in Deutschland geschrieben hat, der hat es ganz genau auf den Punkt gebracht, finde ich: Das Problem ist dort, wo muslimische Menschen in unsere Länder kommen – denn das gilt für Österreich ja genauso – und sich dann hier maßlos aufregen über unsere Freiheiten: über Religionsfreiheit, die ihnen für die Ausübung ihrer eigenen Religion aber sehr wohl passt; über Kunst- und Redefreiheit und so weiter. Jessen spricht mir aus der Seele.

Diese Leute wollen nicht in ihrer Heimat bleiben, weil dort Freiheiten eben ganz stark eingeschränkt sind oder gar nicht existieren. Aber wenn sie dann hier sind, wollen sie *unsere* Freiheiten, die wir uns zum Teil ja auch mühsam errungen haben, auf ihre Begriffe zustutzen, und wenn es mit Mord und Totschlag ist.

Es ist ihnen recht, dass wir für sie Moscheen bauen – also für *ihre* Religion. Sie lassen aber ihre Töchter vom Sport- unterricht befreien, und ich sehe auch hier bei uns ganz junge Mädchen, zwölf-, dreizehnjährige, die mit Kopftuch herumlaufen müssen, weil's ihre Erziehung halt so vor- schreibt.

Und so, sagt Jessen ja ganz einleuchtend, wird nach und nach islamisches Recht in unser Rechtssystem einge- schleust. So wird's halt dann doch nicht gehen können, denke ich einmal."

Winter nickte und meinte: „Es ist höchst wichtig, dass die Printmedien dieses Thema verstärkt aufgreifen. Die ZEIT ist nach wie vor eines der besten Blätter im deutsch- sprachigen Raum, ich bin nur leider in den letzten Wochen zu wenig dazugekommen, sie zu lesen. Deshalb bin ich froh, dass Sie mir diese Ausschnitte hier geben. Gerade durch die großen Blätter, die seriösen meine ich damit, könnte doch etwas bewegt werden, das lässt mich hoffen.

Denn die Problematik wird nicht geringer, im Gegenteil, wir sehen bei unserer Arbeit ja sozusagen hautnah jeden

Tag, welches Gefahrenpotenzial da lauert. Diese Woche habe ich einen Radiobericht gehört über den Islam. Ein islamischer Geistlicher, der der Modernität ablehnend gegenübersteht, hat gesagt: ‚In Europa lernen unsere Kinder singen, tanzen und bildende Künste – Dinge, die Allah nicht akzeptiert'. Das Kopftuch, das Sie angesprochen haben, Sandra, ist ein Zeichen, das bedeutet: Ich gehe nicht zum Turnen, ich nehme nicht am Biologieunterricht teil, wo man den Ursprung der Erde und der Menschheit, wie ihn die heiligen Bücher lehren, in Frage stellt."

Sandra fuhr fort: „Über den EU-Beitritt der Türkei haben wir damals auch gesprochen, erinnern Sie sich? Das hier habe ich aus dem profil vom 22. November, also von dieser Woche, ausgeschnitten."

Sie reichte Winter einige Zeitungsseiten, die er abschnittsweise überflog:

„Im Westen geht die Sonne auf" – Für die einen gehört die Türkei längst zum Westen. Für die anderen ist Europa ein großes Freiheitsversprechen. Szenen aus Istanbul und Südostanatolien.
„Ich verstehe nicht, warum uns so viele nicht in der EU wollen", wundert sich der 30-jährige Bülent. „Wir sind doch keine Araber!" Die 27-jährige Ahu, die in New York studiert hat, glaubt die Antwort zu wissen: „Sie wollen uns nicht, weil wir Moslems sind."

„Ein EU-Beitritt würde ein für alle Mal diese ganze Bullshit-Diskussion beenden, ob wir orientalisch oder

westlich sind", sagt Mehmet Ali Babaoglu. Als einer der reichsten Männer der Türkei – er hat mit dem Export von Jeansstoffen ein Vermögen gemacht – kann er es sich leisten, die Istanbuler Abgase zu meiden. Sein Anwesen steht in einem bewachten Villenviertel ein Stück außerhalb der Stadt und bietet Platz für einen kleinen Kinosaal, Fitnessraum und Swimmingpool und jede Menge moderne Kunst. „Das Problem ist, dass wir viel zu nationalistisch sind", philosophiert Babaoglu und legt seine Füße auf den niedrigen Glastisch seines Wohnzimmers, auf dem eine Bedienstete Tee serviert hat. „Die Leute haben 75 Jahre Atatürk-Gehirnwäsche hinter sich. Wenn die Türken wüssten, wie viel Souveränität sie mit einem EU-Beitritt aufgeben, wären sie dagegen."

Im Häuschen von Feyzullah Kurtbogan, im Dorf Kurtangis irgendwo zwischen Diyarbakir und Batman, gibt es keinen Glastisch, auf den er seine Füße legen könnte. Man sitzt auf Polstern auf dem Boden, und nur der Eminem-Clip, der auf dem kleinen Fernseher in der Ecke läuft, verrät, dass dies derselbe Planet ist, auf dem auch der reiche Mehmet Ali Babaoglu lebt. Der 29-jährige Feyzullah, den die harte Feldarbeit mit dem Pferdepflug deutlich älter aussehen lässt, hat nie eine Schule besucht.

Im Nachbardorf Mezrek hat die 22-jährige Arife Siyadkamla in eine große Familie eingeheiratet. Das geräumige, unfertige Haus beherbergt Kinder aller Altersstufen, eines davon hat Arife vor zwei Monaten selbst zur Welt gebracht. Die Männer sind gerade alle in der Stadt einkaufen, und so hält sie mit ihrer Meinung nicht hinter

dem Berg: „Hier gibt es für Frauen keine andere Möglich-
keit, als zu heiraten und Kinder zu bekommen", sagt sie,
während sie ihre Tochter wiegt. „Ich bin intelligent genug,
ich hätte gerne etwas gelernt und mir einen Job in der
Stadt gesucht." In der EU, hat ihr eine Bekannte erzählt,
kümmert sich der Staat um die Kinder. „In Europa ist
man frei, da kann man machen, was man will."

Im Stadtteil Dolapdere, keinen Steinwurf vom topmo-
dernen Campus der Bilgi-Universität entfernt, weiden
Schafe in einem kleinen städtischen Park zwischen Wohn-
häusern und einem Klettergerüst. Für einige der Tiere ist
es der letzte sonnige Herbstmorgen: Mit routinierten
Bewegungen durchschneidet ihnen ein Mann die Kehle,
hellrotes Blut rinnt in den sandigen Boden, Kinder
machen große Augen. Einer der Umstehenden ist der alte
Ramadan, ein Kurde aus der Nähe von Mardin. „Wir in die
EU?", fragt er lachend und zeigt auf ein verblutendes
Schaf und den Müll am Straßenrand. „So nehmen die uns
nie im Leben."

Sandra sagte: „Die beschreiben genau das, was ich im
September zu Ihnen gesagt habe: In der Türkei herrschen
zum Teil noch Mittelalter-Zustände – ich meine: Die
schlachten Tiere auf offener Straße; Frauen haben nach
wie vor keine andere Zukunft als heiraten und Kinder kriegen und träumen davon, dass man in Europa frei ist. Der
Satz ,Da kann man machen, was man will' ist ja bezeich-
nend dafür, was für eine Ahnung sie haben.

Und das, was Leon de Winter über die Moslems sagt – sie
übernehmen keine Verantwortung, sie sind niemals an

etwas schuld, sie streiten immer ab, wenn sie etwas Falsches getan haben: Das trifft alles auf unseren Freund Mehmet zu. Der macht bei uns nämlich *wirklich,* was er will, und der will nichts Gutes!"

Winter antwortete: „Wie ich bereits gesagt habe: Zum Glück greifen die guten Printmedien neuerdings dieses Riesenproblem häufiger auf. Den Artikel aus dem profil kannte ich, danke aber trotzdem."

Er gab den Ausschnitt an Moosbrugger weiter, der ihn gemeinsam mit Michael Mayr durchlas. Dann sagte er: „Ich habe hier auch etwas, hört euch an, was diesen Dienstag im Kurier stand."

Er las vor:

23. November 2004. Kanzler gegen Kopftuch. Schröder will Verbot.

Nun fordert auch der deutsche Bundeskanzler Gerhard Schröder mehr Anstrengungen muslimischer Einwanderer zur Integration. Er sprach sich für ein Kopftuchverbot im öffentlichen Dienst aus. Schröder warnte in der ARD, durch mangelnde Anpassung entstünden Parallel-Gesellschaften: „Wer hier lebt, muss sich an die Gesetze halten und unsere Sprache lernen."

„Eben", sagte Sandra. „Überall machen diese Leute Schwierigkeiten, hier haben wir die gesammelten Presseberichte.

In den Niederlanden macht man sich, durchaus berechtigt, Sorgen wegen des Mordes an Theo van Gogh, die ZEIT schreibt eine große Geschichte zur deutschen Situation auf der Seite 1, und jetzt meldet sich endlich auch der deutsche Kanzler zu diesem Thema zu Wort – der hat sich bisher ja zugunsten der Multikulti-Politik seines grünen Koalitionspartners aus dieser Diskussion herausgehalten.

Nur in Österreich wird nichts unternommen. Das profil schreibt darüber, okay, das ist schon gut.

Aber bei der Gesetzgebung, meine ich, was wird denn getan? In Österreich kriegen solche Leute ohne jedes Problem Asyl, auch wenn sie kriminell sind, und wenn sie sich bei den Einvernahmen dumm stellen, haben wir jederzeit für viel Geld einen Dolmetscher für sie.

Und uns, hier bei unserer Arbeit, wird Ausländerfeindlichkeit vorgeworfen, was der allergrößte Blödsinn überhaupt ist. Aber jetzt würde ich meinen beiden Kollegen gern berichten, was vor zwei Wochen passiert ist, wenn es Ihnen recht ist."

Winter nickte zustimmend, und Sandra sagte zu Robert Moosbrugger und Michael Mayr:

„Vor zwei Wochen habe ich eine Einvernahme geführt, und wir haben bis heute nicht die Zeit gefunden, dass ich euch Einzelheiten darüber hätte berichten können.

Ich lese euch zunächst das Protokoll vor, wie üblich mit Frage und Antwort, damit ihr die Details kennt, und den Hammer, den ich euch angekündigt habe, spare ich mir für den Schluss auf."

Sie nahm das Protokoll zur Hand und begann:

„Es geht schon wieder um einen türkischen Staatsbürger, 30 Jahre alt. Er hat am 10. November einen Asylantrag gestellt, und zwei Tage später habe ich diese Einvernahme mit ihm geführt."

Frage: *Warum haben Sie die Türkei verlassen?*
Antwort: *Weil ich in der Türkei keine Rechte habe. Ich wollte auf der Universität in Elazig studieren, wurde aber nicht aufgenommen. Ich wurde wegen meines Bruders stark unter Druck gesetzt.*

Frage: *Warum wurden Sie wegen Ihres Bruders unter Druck gesetzt?*
Antwort: *Er hat den Militärdienst nicht geleistet, deshalb wird er gesucht. Er ist seither verschollen. Niemand weiß, wo er ist. Jedes Mal, wenn ich festgenommen wurde, wurde ich geschlagen und bedroht. Ich habe Elazig dann verlassen und bin nach Istanbul gefahren. In Istanbul wurde ich jedes Mal, wenn ich von der Polizei kontrolliert wurde, mitgenommen und nach meinem Bruder gefragt. Ich habe auch im Fernsehen über die Dörfer gesprochen, die angezündet wurden.*

Frage: *Von wem wurden Dörfer angezündet?*
Antwort: *Von den Soldaten.*

Frage: *Welche Dörfer wurden angezündet?*
Antwort: *Es wurden 3.000 bis 4.000 Dörfer angezündet. Ich habe nicht nur über ein Dorf gesprochen, sondern über alle. Bei uns in der Nähe sind auch zwei Dörfer angezündet worden. Der Name die-*

ser Dörfer ist Ekrek und Akbulut. Akbulut ist direkt an unser Dorf Palu angeschlossen. Sie haben nicht nur Dörfer, sondern in den Bergen auch ganze Wälder angezündet. Sie haben uns gezwungen, als Dorfschützer zu arbeiten.

Frage: *Was machen Dorfschützer?*

Antwort: *Sie werden vom Staat bezahlt. Wenn sie Leute töten, werden sie dafür nicht bezahlt. Als ich in Istanbul war, wurde ich auf die gleiche Art und Weise unterdrückt. Ich war vom 22. August bis 19. September 1997 in Izmir in Haft. Das Gefängnis dort ist das schlechteste in der ganzen Türkei. Wenn man das vergleicht, ist dort ein Tag so, als wäre man woanders ein ganzes Jahr im Gefängnis. In diesem Gefängnis waren 42 Personen in einem kleinen Raum, wo es nur ein Fenster gibt.*

Frage: *Warum waren Sie dort in Haft?*

Antwort: *Weil ich über die angezündeten Dörfer vor einer Kamera gesprochen habe. Während meiner Schulzeit war ich in einem Internat. Deshalb ist die Polizei böse auf mich, weil ich von der Stadt gefördert wurde. Sie haben mich ein paar Mal verfolgt und versucht, mich zu töten. Sie hatten die Waffen schon geladen, aber weil mich jedes Mal Menschenrechtsaktivisten begleitet haben, wurde ich nicht getötet. Nachdem ich aus der Haft in Izmir entlassen wurde, war ich geistig nicht mehr normal. Die Gendarmerie hat mich dann gezwungenermaßen zum Militär gebracht. Immer wenn ich versucht habe, zum Arzt zu gehen, hat mich mein Oberbefehlshaber geschlagen. Nachdem ich meinen Militärdienst geleistet hatte, bin ich, eineinhalb Jahre später, geistig wieder gesund geworden.*

Am 3. November 2004 bin ich dann in Istanbul in einen Lkw eingestiegen. Wir sind eineinhalb Tage lang auf einem Parkplatz in Istanbul gestanden. Um 18 Uhr ist der Lkw weggefahren. Sie haben mir einen Plastiksack gegeben, den ich anziehen musste, und der Sack wurde dann mit einem Klebeband zugeklebt. Die Luft im Plastiksack hat mir das Leben gerettet, sonst wäre ich gestorben.

Frage: *Wie lange waren Sie in diesem Plastiksack?*

Antwort: *Eine Stunde und fünf Minuten. Der Lkw ist auf eine Fähre gefahren. Ich habe dann gesehen, dass alles beleuchtet war, und habe den Plastiksack mit einem Messer aufgeschnitten. Am 4. November ist die Fähre vom Hafen abgefahren.*

Frage: *Welcher Hafen war das?*

Antwort: *Der Hafen war in Harem, das ist ein Stadtteil von Istanbul. Die Reise mit der Fähre hat 75 Stunden gedauert. Drei Tage später ist die Fähre stehen geblieben, der Lkw ist wieder weitergefahren. Er ist in der Folge 6- oder 7-mal stehen geblieben, bis wir in Österreich angekommen sind.*

Frage: *Waren Sie alleine auf dem Lkw?*
Antwort: *Ja.*

Frage: *Hat der Fahrer gewusst, dass Sie auf dem Lkw sind?*
Antwort: *Ja, ich habe dem Fahrer vor der Abfahrt gesagt, er soll mich weit weg von der Türkei bringen, in ein Land, wo es eine Demokratie gibt.*

Frage: *Wie viel haben Sie für die Reise bezahlt?*
Antwort: *Insgesamt 3.000 Euro.*

Frage: *Haben Sie das Geld dem Lkw-Fahrer gegeben?*
Antwort: *Nein, ich habe das Geld dem Schlepper gegeben. Ich kenne ihn aber nicht Nur ein Freund von mir kennt ihn. Durch diesen Freund bin ich zu diesem Schlepper gekommen.*

Frage: *Wie heißt Ihr Freund?*
Antwort: *Ich will seinen Namen nicht sagen. Er hat mit dieser Sache nichts zu tun Er hat mir geholfen, darum werde ich seinen Namen nicht sagen.*

Frage: *Was würde geschehen, wenn Sie nach Hause zurückkehren müssten?*
Antwort: *Man würde mich verhaften, weil ich schon oft bedroht wurde. Ich hätte keine Überlebenschancen.*

Frage: Ist das, dass Sie vor laufender Kamera über die niedergebrannten Dörfer gesprochen haben, der einzige Grund, warum Sie von den Behörden verfolgt wurden, oder gibt es noch andere Gründe?

Antwort: Ich habe einige Freunde, die bei der PKK sind. Sie haben sich bei mir aufgehalten, und ich habe ihnen geholfen, weil sie meine Freunde waren. Die Polizei weiß, dass ich diese Freunde unterstützt habe. Deshalb wurde ich von jemandem angezeigt. Ich habe auch an einigen Demonstrationen der HADEP teilgenommen und dort Schilder getragen. Jetzt ist die HADEP verboten und heißt DEHAP. Ich bin kein Mitglied dieser Partei, sondern war nur Wahlbeobachter. Darum habe ich auch eine Karte dieser Partei.

Frage: Waren Sie in Ihrem Heimatland politisch oder religiös tätig?

Antwort: Ich war für die DEHAP aktiv tätig. Ich war aber kein Mitglied dieser Partei, sondern nur Anhänger. Ich habe bei Demonstrationen Schilder getragen, damit die Sicherheit der Demonstration gewährleistet war. Religiös war ich nie tätig.

Frage: Woher hatten Sie die 3.000 Euro?

Antwort: Einen Teil hat mir mein Vater gegeben, einen Teil mein Bruder, der ist Tierarzt. Und 1.000 Euro hat mein Vater von meinem Onkel ausgeborgt. Ich habe in der Türkei viel gelitten, deshalb hat mir mein Vater geholfen. Wenn ich *nicht so gelitten hätte, wäre ich nicht hierher gekommen.*

Frage: *Gibt es sonst noch etwas, was Ihnen wichtig erscheint und was Sie jetzt sagen wollen?*

Antwort: Bevor Sie mich in die Türkei abschieben, ist es mir lieber, wenn Sie mich hier erschießen.

Anmerkung: Der Antragsteller legt nun einen Strafregisterauszug vor.

Frage: *Haben Sie diesen Strafregisterauszug selbst beantragt?*

Antwort: Ja.

Frage: *Wo und wann haben Sie diesen Auszug beantragt?*

Antwort: Am 23. September 2002 bei der Gerichtsbehörde in Elazig.

Frage: *Haben Sie diesen Auszug dort auch selbst abgeholt?*

Antwort: Ja.

Frage: *Können Sie sagen, was in diesem Strafregisterauszug steht?*

Antwort: Nein, das weiß ich nicht.

„Bis hierher", sagte Sandra zu ihren beiden Kollegen, „habe ich mit ihm gesprochen, wie es in diesem Protokoll steht. Da war es kurz nach Mittag.

Er bat mich um ein Glas Wasser, und ich ging hinaus, um es zu holen. Als ich zurückkam, saß der Dolmetscher allein da, und ich konnte kaum glauben, was er mir sagte: ‚Er ist aus dem Fenster gesprungen.'"

Robert Moosbrugger sagte: „Das hat sich natürlich bereits im ganzen Amt herumgesprochen, und alle sind sicher, dass das eine abgekartete Sache war, von langer Hand geplant, damit wieder einmal ein schön spektakulärer Fall auftaucht. So etwas ist ja überhaupt noch nie vorgekommen!"

„Eben", meinte Sandra, „und ist es nicht echt großartig? Ausgerechnet mir muss das passieren, dass ich mich von dem derartig verarschen lasse! Da werden garantiert ein paar sagen: Klar, die Neue. Aber was hätte ich denn tun sollen? Ihm etwa kein Wasser holen?
Ihr müsst euch einmal anschauen, wie hoch das hier ist, da kommt ja kein Mensch auf so eine Idee! Der ist einfach hinausgesprungen – die Garagenabfahrt ist vier Meter unter dem Fenster! Und er hat sich nicht etwa alles gebrochen: Er ist weggerannt."

Moosbrugger meinte: „Wir können dir das alle nachempfinden, Sandra, du darfst das aber auf gar keinen Fall persönlich nehmen. Es kann natürlich gar keine Rede davon sein, dass du dich hast verarschen lassen, und niemand hat gesagt: Klar, die Neue. Das weiß ich ganz sicher. Du hast ganz und gar korrekt gehandelt. Stell dir vor, du sagst ihm, er kriegt *kein* Wasser – dann sind wir wieder unmenschlich!

Wie immer wir es handhaben: Wir sind die Bösen. Das würde unsere gute Frau Helga jederzeit überall mit wachsender Begeisterung unterschreiben."

Sandra zündete sich eine Zigarette an und sagte: „Und jetzt, Kollegen, jetzt kommt aber erst der Hammer, von dem ich gesprochen habe." Sie wandte sich an Winter und fragte: „Haben Sie schon nachgeschaut?"

Helmut Winter sagte: „Ja, es ist ungeheuerlich. Ich habe die Seite offen, ihr könnt es euch dann gleich anschauen."

Sandra erklärte ihren beiden Kollegen: „Auf einer türkischen Internetseite hat mein Superkandidat beschrieben, wie schlecht er hier bei uns im Amt behandelt worden ist. Er gibt seinen richtigen Namen an und behauptet, dass man ihm das Protokoll vor seinen Augen zerrissen und unter Beschimpfungen ins Gesicht geworfen hätte. Schließlich hätte er den Druck, der hier auf ihn ausgeübt worden sei, nicht mehr ausgehalten und sei deshalb aus dem Fenster gesprungen."

Moosbrugger sagte: „So ein Arschloch. Entschuldige, Helmut, aber weil's wahr ist. Kein einziger Beamter setzt hier irgendjemanden unter Druck, das weiß jeder.
Bei uns im Amt", sagte er zu Sandra, „glaubt das sowieso keiner, die wissen alle, dass diese Typen Länge mal Breite lügen. Aber es ist eine Schweinerei, dass die Türken das beinhart ins Internet stellen."

Michael Mayr sagte, an Winter gewandt: „Ich weiß nicht, Herr Hofrat, warum mir das alles so bekannt vor-

kommt. Jeder hier, in jedem einzelnen Büro, kennt die Akte Mehmet. Das sind doch eins zu eins dieselben Methoden, und dieser Mehmet ist uns obendrein tatsächlich erhalten geblieben, der *hat* ja Asyl bekommen.
Die haben eine Lobby, die mit allen Mitteln dafür arbeitet, dass sie in Österreich bleiben können, daran hat keiner von uns noch irgendeinen Zweifel.
Und dazu unsere hervorragenden österreichischen Rechtsanwälte, die ihnen dabei helfen, herzlichen Dank!"

Sandra hakte ein und sagte:
„Apropos Mehmet, Herr Hofrat: Zu dem sind Sie mir noch den Rest seines Strafregisters schuldig, wir haben dafür keine Zeit mehr gefunden."

Winter antwortete: „Das ist wahr. Wenn Sie wollen, können wir das jetzt gleich erledigen. Ich habe die Akte hier", er stand auf, nahm den Ordner aus seinem Schrank und fragte Moosbrugger und Mayr: „Wollt ihr das euch auch noch anhören?"

Beide sagten zu, und Winter fragte: „Wollt ihr noch Kaffee haben?"

Sie lehnten dankend ab, Sandra fragte aber höflich, ob sie noch eine Zigarette rauchen dürfe.
„Sie dürfen", sagte Winter und lachte, „und ich werde mich sehr zusammenreißen und *nicht* rauchen. Ich trage zwar noch Zigaretten mit mir herum, sicherheitshalber sozusagen, aber ich denke, ich bin doch auf dem besten Weg, es zu schaffen mit dem Aufhören."

17

Er schlug den Ordner auf und blätterte.

„Wir waren stehen geblieben", erinnerte er sich, „bei dem Bescheid im Jahr 2002, dass Mehmet Asyl zu gewähren sei, richtig?"

„Richtig", sagte Sandra. „Und wie ging es weiter?"

„Weiter ging es", sagte Winter, „bereits im Sommer 2002.

Frau Elke E. war mit Mehmet kurzfristig eine Verbindung eingegangen.
Als sie für eine Woche ins Ausland fuhr, beobachtete eine Nachbarin Mehmet dabei, wie er die Tiere von Elke E., einen Hasen in einem Käfig und eine Katze, aus dem Fenster in den Hinterhof warf.
Elke E. brach die Beziehung ab, worauf Mehmet sie ständig telefonisch bedrohte: dass er sie über den Haufen schießen und – so die wörtliche Aussage der Frau – ihre ganze Familie ficken werde.
Sie erstattete Anzeige wegen Tierquälerei einerseits und gefährlicher Drohung andererseits.

Am 30. August um 6 Uhr morgens wurde die Polizei in ein Lokal in die Paracelsus-Straße gerufen, weil dort eine Person mit einer Waffe herumfuchtelte.

Es handelte sich um Mehmet: Er hatte einen Reizgasrevolver und schüchterte die Gäste damit ein. Er hatte bereits ein Waffenverbot, und deshalb nahmen ihm die Polizeibeamten diesen Revolver ab.

Keine zwei Stunden später, gegen 8 Uhr, verständigte ein Anrufer die Polizei, dass bei einer Tankstelle in der St.-Julien-Straße ein Mann randaliere: Es war wieder Mehmet. Er hatte im Verkaufsraum gegen ein Zeitungsregal getreten, worauf dieses zu Bruch ging. Außerdem hat er verschiedene Verkaufsartikel durch den Raum geworfen und zwei Bierflaschen zerbrochen.

Am 22. September 2002 um 23.15 Uhr verständigte ein Zeuge die Polizei, weil Mehmet den Österreicher Helmut H. mit mehreren Faustschlägen niedergeschlagen hatte, als der die Tankstelle in der St.-Julien-Straße mit einer Dose Bier verließ.

Helmut H. kam nach dem Eintreffen der Polizei erst allmählich wieder zu sich, während Mehmet die Flucht Richtung Bahnhof ergriff. Er konnte gefasst werden und stritt alles ab. Allerdings machte er äußerst widersprüchliche Angaben und hatte weiters Schürfwundern an einer Hand. Er wurde dann von einem Zeugen identifiziert und wegen schwerer Körperverletzung angezeigt.

Am 13. Juni 2003 fand beim Landesgericht Salzburg eine zusammengefasste Hauptverhandlung gegen Mehmet statt. Verhandelt wurden die Anklagen über die gefährliche Drohung gegen Elke E., die Tierquälerei, der verbotene Waffenbesitz, die Sachbeschädigung in der Tankstelle sowie zweimal Körperverletzung. Von der Tierquälerei wurde er freigesprochen, wegen der übrigen Delikte fasste er eine Freiheitsstrafe von sechs Monaten aus."

„Was habe ich Ihnen gesagt, Herr Hofrat", unterbrach Sandra Michaelis Helmut Winter. „Schon am ersten Abend, als Sie mir diesen Fall geschildert haben, habe ich gesagt: Der Typ ist komplett daneben.

Aber die Argumente seines Rechtsanwalts, während dieser letzten Berufungsverhandlung, dass Mehmet eben ein emotionaler Mensch sei und alle diese Delikte nur angesichts seiner unsicheren Zukunft begangen habe, sind voll aufgegangen.

Und jetzt? Jetzt hat er keine unsichere Zukunft mehr, jetzt *hat* er seinen offiziellen Flüchtlingsstatus – und weiter geht's wie gehabt. Schlecht könnte mir werden."

Winter erwiderte: „Sie haben Recht, Sandra. Der Typ, wie Sie sagen, ist wirklich völlig daneben. Der ist nicht einfach ein emotionaler Mensch, der ist nicht psychisch belastet wegen seiner sozialen Situation – das war, wie wir sehr gut sehen können, nie der Grund für all das, was er ausgefressen hat. Der ist unbestreitbar nichts anderes als kriminell. Hören Sie weiter:

Am Abend des 16. August 2003 fuhr er schwer alkoholisiert mit einem Fahrrad in die Kreuzung St.-Julien-Straße/Rainerstraße ein, sodass der Lenker eines Pkw abrupt bremsen musste, um ihn nicht zu überfahren. Prompt kam es zu einer Streiterei, der Pkw-Lenker verständigte die Polizei. Mehmet verweigerte den Alkotest mit den Worten: ‚Wieso soll ich einen Alkotest machen? Seid ihr verrückt? Nur weil dieser Idiot nicht Auto fahren kann? Zeigt mich ruhig an.' Daraufhin holte er sich von einem Imbissstand in der Nähe eine Flasche Bier und ließ sie absichtlich neben einem Polizisten auf den Gehsteig fallen, wo sie natürlich zerbrach.

Am 12. Dezember 2003, nach Mitternacht, fuhr ein Gast des Hotels Europa in Salzburg mit dem Lift in sein Stockwerk, als ein Mann den Lift betrat und ihm eine scheckkartenförmige Karte hinhielt. Er sei Kriminalbeamter und müsse von ihm 300 Euro kassieren, erklärte er dem Hotelgast.

Der war natürlich sofort misstrauisch, blieb aber höflich und ersuchte, die Angelegenheit an der Rezeption zu klären. Dort rief man die Polizei, die schließlich feststellen konnte, dass es sich bei dieser Person wieder einmal um Mehmet handelte. Er wurde wegen versuchten Betruges und wegen Amtsanmaßung angezeigt.

Am 5. Juli 2004 saß der türkische Staatsangehörige Mustafa N. gemeinsam mit einigen Landsleuten, darunter auch Mehmet, in seiner Wohnung vor dem Fernsehgerät.

Gegen Mitternacht verließen alle die Wohnung – bis auf Mehmet. Der wollte noch bleiben und sein Bier austrinken.

Gegen 2 Uhr forderte Mustafa N. ihn auf, nach Hause zu gehen, weil er schlafen gehen wollte. Mehmet wollte sich aber ins Bett von Mustafa N.s Ehefrau legen, die an diesem Abend nicht zu Hause war. Mustafa N. sagte, das komme nicht in Frage, und versperrte die Schlafzimmertür.

Darauf schlug Mehmet Mustafa N. mehrmals mit der Faust ins Gesicht und drängte ihn aus der Wohnung.

Mustafa N. verständigte nun die Polizei. Trotz mehrmaligen Klopfens machte Mehmet die Tür nicht auf; Mustafa N. hatte jedoch einen weiteren Wohnungsschlüssel in der Hosentasche und betrat nun gemeinsam mit der Polizei seine Wohnung. Mehmet hatte sich in der Zwischenzeit im Schlafzimmer in ein Bett gelegt und konnte nur nach langem Zureden seitens der Polizeibeamten dazu gebracht werden, die Wohnung zu verlassen. Er bestritt, dass er Mustafa N. verprügelt hatte, und gab an, Mustafa N. hätte einen Streit angefangen – er sei unschuldig.

Er wurde wieder einmal wegen Körperverletzung angezeigt.

So", sagte Winter zu Sandra und klappte den Ordner zu, „das ist der Stand der Dinge bis zum heurigen Sommer. Damit habe ich Ihnen diesen Fall – vorläufig, sollte ich wohl sagen – vollständig geschildert."

„Na großartig", sagte Sandra Michaelis. „Der wird wohl nichts mehr anderes tun bei uns, schätze ich, als kriminell zu sein. Warum sollte er auch, er lebt ja hier sehr gemütlich von Steuergeldern.

Und es ist ihm obendrein sehr leicht gemacht worden. Kommt daher, stellt ohne jeden vernünftigen Grund einen Asylantrag, und als der abgelehnt wird, attackiert er das Konsulat. Damit sich's auch wirklich auszahlt, gleich zweimal.

Und schon sagt sein Rechtsanwalt: Der Mann ist ganz übel dran, der ist ein politisch Verfolgter, den müsst ihr dablei-

ben lassen, sonst wird er womöglich umgebracht in der Türkei.
Das geht ganz leicht in Österreich. Je frecher und unverschämter man ist, desto eher besser sind die Chancen, dass einem Asyl gewährt wird."

Sie sammelte ihre Unterlagen ein, stand auf und sagte:

„Ich danke euch, Kollegen, für dieses Gespräch. Und für eure Unterstützung.
Ihnen natürlich auch danke, Herr Hofrat. Ich habe Ihnen Ihren ganzen Vormittag weggenommen, und jetzt, ob ich darf oder nicht, frage ich Sie noch etwas: Wollen Sie nicht doch irgendwann über unsere Arbeit, speziell über den Fall Mehmet, ein Buch schreiben?"

Winter erhob sich ebenfalls, blickte seine drei Mitarbeiter der Reihe nach an und sagte:
„Ihr habt gewonnen. Ich bin schon fast fertig."